U0668267

丛书编委会

云/大/百/年/史/学/丛/书

国立云南大学西南文化研究室与云大史学

谢太芳◎著

云南大学出版社
YUNNAN UNIVERSITY PRESS
·昆 明·

图书在版编目（CIP）数据

国立云南大学西南文化研究室与云大史学 / 谢太芳著. -- 昆明 : 云南大学出版社, 2023
（云大百年史学丛书）
ISBN 978-7-5482-4865-1

Ⅰ. ①国… Ⅱ. ①谢… Ⅲ. ①云南大学—史学—学科发展—概况 Ⅳ. ①K02-12

中国国家版本馆CIP数据核字（2023）第035851号

策划编辑： 张丽华
责任编辑： 孙小林
封面设计： 任　微

云 / 大 / 百 / 年 / 史 / 学 / 丛 / 书

国立云南大学西南文化研究室与云大史学

GUOLI YUNNAN DAXUE XINAN WENHUA YANJIUSHI YU YUNDA SHIXUE

谢太芳◎著

出版发行： 云南大学出版社
印　　装： 昆明理煜印务有限公司
开　　本： 787mm×1092mm　1/16
印　　张： 9.75
字　　数： 160千
版　　次： 2023年3月第1版
印　　次： 2023年3月第1次印刷
书　　号： ISBN 978-7-5482-4865-1
定　　价： 40.00元

地　　址： 昆明市一二一大街182号（云南大学东陆校区英华园内）
邮　　编： 650091
发行电话： 0871-65033244　65031071
网　　址： http://www.ynup.com
E-mail： market@ynup.com

若发现本书有印装质量问题，请与印厂联系调换，联系电话：0871-64167045。

“学术的生命与精神”：百年来云南大学历史学发展回眸

（代序）

国立云南大学校长熊庆来先生说：“夫大学之重要，不在其存在，而在其学术的生命与精神。”云南大学的史学研究已走过百年峥嵘岁月，从初建、启航、发展、沉淀以至日渐兴盛局面的开创，艰苦卓绝自毋庸多言，唯有“学术的生命与精神”，如同血液般一直灌注其中，培育了云大史学崇尚学术和经世致用兼举并用的优良传统与精神气质。时逢云南大学百年校庆即将到来之际，有必要回顾和总结云大史学发展的百年历程，以期把握方向，认清前路，走向更辉煌的明天。

一、传统奠定：1923—1949 年间的学术启航

1923—1949 年间是云大史学传统的奠定时期。1923 年，云南大学的前身东陆大学创办之初，即设立包括文、史、经学的国学门。1930 年，东陆大学由私立改为省立，其时已设立历史系。1937 年，全面抗战爆发，熊庆来先生受聘为云南大学校长，秉承“以研究高深学术，造就专门人才”的办学宗旨，聘请和邀约国内知名学者和大批内地高校人才来云大任教，并重新组建了文法学院文史系。1938 年，学校更名为国立云南大学。至 1949 年，荟萃了顾颉刚、钱穆、姜亮夫、白寿彝、袁嘉穀、方树梅、吴晗、方国瑜、尚钺、向达、陶云逵、闻宥、王庸、朱杰勤、谢国桢、翁独健、江应樑、张维华、岑家梧、纳忠、陆钦墀、瞿同祖、丁则良、徐嘉瑞、李源澄、杨堃、华岗、陈复光、刘崇鋐、吴乾就、李埏、马曜、缪鸾和、方龄贵、程应镠等一大批史学英才，极大地繁荣了云大的史学研究，奠定了云大雄厚绵长的史学传统。这一时期，云大的史学发展呈现出以下四个特点：

第一，师资力量雄厚，吸纳了诸多英才，兼聘了郑天挺、闻一多、雷海宗、吴宓、姚从吾、邵循正等众多西南联大学者在云大授课，产生了广泛的社会影响力。尤其是1937—1949年间，云南大学成为国内史学研究重镇。

第二，形成了一批影响深远的学术经典。例如，顾颉刚的《浪口村随笔》《中华民族是一个》，钱穆的《论清儒》《略论王学流变》《中国思想史六讲》，方国瑜的《麽些民族考》，白寿彝的《咸同滇变见闻录》《中国伊斯兰史存稿》，吴晗的《元明两代之"匠户"》《明代的军兵》，向达的《蛮书校注》，瞿同祖的《中国法律与中国社会》《中国封建社会》，袁嘉穀的《滇绎》，楚图南的《纬书导论》，丁则良的《杯酒释兵权考》，江应樑的《西南边疆民族论丛》《西南社会与"西南学"》，翁独健的《新元史、蒙兀儿史记〈爱薛传〉订误》，朱杰勤的《葡人最初来华时地考》《中国古代海舶杂考》，纳忠的《论中国与西亚各国之关系》，徐嘉瑞的《大理古代文化史》《云南农村戏曲史》，杨堃的《论"中国社会史"问题》，陈复光的《有清一代之中俄关系》，吴乾就的《〈咸同滇变见闻录〉评正》《清初之圈地问题》等重要研究成果，均是在云大期间完成或发表的。

第三，创建史学研究平台和参与重大学术工程。1937年，方国瑜等人创办西南文化研究室；筹资编印《元代云南史地丛考》《滇西边区考察记》《明清滇人著述书目》《越南古史及其民族文化之研究》《缅甸史纲》《印度美术史》《暹罗史》等"西南文化研究丛书"11种；创办《西南边疆》杂志，共发行18期。《西南边疆》杂志是抗战时期最重要、最权威的有关西南研究的学术刊物。此外，袁嘉穀、方国瑜、方树梅等学者长期参与云南大型学术工程《新纂云南通志》的编纂和审定。

第四，形成了影响深远、延绵至今的史学传统。在民族危机和国难当头的现实感召下，地处边疆的云大学者葆有强烈的经世致用、关怀现实的家国情怀和经世理念，形成了注重西南边疆民族研究、强调实地民族社会调查路径、厚植云南乡土历史研究等学术传统和研究特色。例如，顾颉刚从边疆民族出发，深入审思历史疆域的形成和中华民族的整体性；方国瑜从古史和古文字研究转向西南边疆研究，并参加中英会勘滇缅南段未定界委员会工作，在实地考察基础上完成《滇西边区考察记》；白寿彝致力于云南回族历史文化研究；向达转向《蛮书》研究；等等。与此同时，江应樑、陶云逵等坚持民族调查方法开展民族文献发掘和民族史开拓；以袁嘉穀、方国瑜、方树梅等为代表的一批学者致力于云南乡土知识体系重建；等等。

二、优势凸显：蹉跎中奋进的“新中国三十年”

1950—1978 年间，云南大学经历了全国院系调整、大批师资力量流失、由国立改省属大学等重大变化，加之期间受各种不利因素的严重干扰，研究力量有所萎缩，学术氛围受到影响，整体实力有所下降。尽管如此，这一时期的云南大学史学发展总体上仍保持着蓬勃向上的奋进态势，取得了斐然成绩，呈现出以下特点：

第一，带动全国史学界重大学术命题的讨论热潮。新中国成立后，我国史学界兴起了以“五朵金花”为代表的重大学术命题的讨论热潮。李埏先生先后在《历史研究》上发表《论我国的“封建的土地国有制”》（1956）、《试论殷商奴隶制向西周封建制的过渡问题》（1961）等重要学术论文，提出“土地国有制”这一重要学术概念，成为中国封建土地所有制形式讨论的重要学派和代表人物，带动了全国史学界关于中国土地所有制问题的讨论热潮。此外，马曜、缪鸾和发表长篇论文《从西双版纳看西周》（1963），继承和发扬以民族活态资料印证古史的“民族考古学”路径，密切参与到土地所有制形式问题的讨论之中。以上研究，学术影响巨大，奠定了云大中国经济史研究在全国的领先地位。

第二，凝聚学术话语体系，历史认识和民族理论获得创新发展。这一时期的云大史学研究也在向着深层次的理论探讨和话语体系构建的方向发展。新中国成立后兴起了“中国的历史范围”讨论，其时学界对中国疆域发展的认识分歧较大，方国瑜先生发表《论中国历史发展的整体性》（1963）一文，强调“王朝史不等于中国史”，应将中原与边疆的历史都视为中国历史发展整体中的一个部分，重点阐释边疆民族地区在中国历史发展中的重要地位和作用。这一理论思考获得史学界的普遍赞誉和认同。此外，民族理论研究和话语体系构建获得创新发展，杨堃的《试论云南白族的形成和发展》（1957）、《关于民族和民族共同体的几个问题》（1964），熊锡元的《民族形成问题探讨》（1964）等论文，带动了民族形成问题讨论和“中华民族共同体”相关理论话语凝聚，在全国史学界都具有重大的学术前瞻性。

第三，拓展史学人才培养的新路径。云南大学是在历史教学和人才培养中最早开展历史地图编绘探索的教学单位，并于1953年前后初步编绘了世界上古史、世界中古史和部分中国史常用历史地图六十余幅，为历史教学和学生培养提供了极大便利。这一事迹获得媒体和学界报道和关注，云南大学历史系世界史、中国史教研小组联名发表《我们怎样摸索着绘制历史参考地图》（1953）一文，作为重要教学经验向全国推广。此外，云大史学人才培养延续实地调查的优良传统。1959年前后，历史系学生在云南个旧开展矿业调查，梁从诚先生带领学生在当地边上课、边劳动、边调查，其间历史系师生集体编订《云南矿冶史》《个旧锡矿史》《个旧矿业调查》《个旧矿工歌谣选》等著作，朱惠荣、谢本书、邹启宇等著名学者都曾参与此次考察和著述编纂工作，为他们此后勃兴的学术事业奠定了扎实基础。

第四，积极参与国家重大学术工程。1953年始，方国瑜、江应樑、杨堃等教授受到委托，带领云大众多师生参加少数民族社会历史调查和民族识别工作。1961年始，方国瑜作为周总理亲自关怀的国家重大学术工程——《中国历史地图集》西南部分编绘工作的负责人，与尤中、朱惠荣一起完成这一国家使命，彰显了云大史学的研究实力，培植了云大历史地理学发展的深厚土壤。1965年，方国瑜等学者还启动了《云南史料丛刊》的编撰，惜因各种缘故而中断。

在专业设置与机构上，云南大学历史系先后设立历史学、中国民族史、档案学、图书馆学、人类学、社会工作、世界史专业，形成了以方国瑜、江应樑、杨堃、李埏、尤中等为代表的学科队伍；成立了具有学科特色的西南文化史、中国民族史、云南地方史、中国封建经济史、西南边疆史、南亚东南亚史、西南亚史、西南古籍研究等科研教学机构。其时，云南大学的史学研究逐渐呈现出研究方向上的优势和特色：中国民族史特色日益突出，中国经济史发展迅速，形成了一系列具有全国性影响力的重要成果。而在世界史领域，以纳忠先生为代表的西亚、阿拉伯史研究独树一帜，并形成了纳忠、杨兆钧、张家麟、武希辕、李德家、施子愉、方德昭、邹启宇、赵瑞芳、吴继德、左文华、唐敏、黎家斌、徐康明等人为骨干的世界史学科队伍。除上述已见的成果外，尚有方国瑜的《有关南诏史史料的几个问题》《汉晋时期在云南的汉族移民》《唐宋时期在云南的汉族移民》，李埏的《略论唐代的“钱帛兼行”》，江应樑的《明代云南境内的土官与土司》《凉山彝族社会的历史发展》，尤中的《汉晋时期的“西南夷”》，吴乾就的《关于杜文秀的评价问题》，等等。总言之，这一时期逐渐奠定了中国民族史和中国经济史在云大史学研究中的基石地位。

三、巩固特色：改革开放二十年的机构与学科建设

改革开放后，云大史学研究迎来新的春天，进入一个跨越式发展阶段。在学科建设上，1981 年，云南大学的中国民族史获博士学位授权，成为新中国以来首批博士学位授权点。1981 年，世界史获得地区国别史的硕士授权。1986 年，专门史（经济史）获博士学位授权。同年，中国民族史、中国经济史列为云南省首批省级重点学科。1995 年，云南大学历史系被国家教委批准为全国普通高校文科基础学科人才培养与科学研究基地。2000 年，以中国民族史为重要支撑的西南边疆少数民族研究中心获批教育部全国普通高校人文社会科学重点研究基地。2000 年，获得世界史二级学科博士授权，云南大学成为我国较早获得世界史硕士、博士授权的大学之一。与此同时，相关学术机构纷纷成立。1980 年，成立西南边疆民族历史研究所；1984 年，成立西南古籍研究所；1999 年，成立西南边疆少数民族研究中心。其间，创办《史学论丛》《西南民族历史研究所集刊》《西南古籍研究》《西南边疆民族研究集刊》等多种学术刊物，在学界产生重要影响。教研团队建设取得较大发展，诸多青年英才成长为史学研究的骨干力量，形成了两大优势学科团队，即以方国瑜、江应樑为学术带头人，以木芹、林超民、徐文德、郑志惠、陆韧、潘先林、秦树才等学者为骨干的中国民族史学科队伍；以李埏为学术带头人，以朱惠荣、董孟雄、林文

勋、武建国等学者为骨干的中国经济史学科团队。同时，云南大学世界史学科以亚洲、非洲等发展中国家为基本研究领域，以东南亚史、南亚史、西亚非洲史、亚太国际关系史研究为研究重点，也重视欧美史及西方史学理论的研究，在东南亚史、南亚史、西亚非洲史、亚太国际关系史方面形成了自身的优势和特色，先后建成了以贺圣达、左文华、吕昭义、何平为带头人的南亚东南亚史研究团队，以肖宪为带头人的中东史研究团队，以唐敏、徐康明、许洁明、李杰为带头人的欧美史研究团队，以及以刘鸿武为带头人的非洲史研究团队。

推出了一批重要学术成果：1978 年，在方国瑜先生主持下重启《云南史料丛刊》编撰，虽因各种原因时断时续，最终在林超民教授主持以及徐文德、郑志惠等学者的共同努力下，《云南史料丛刊》共计十三卷，于 1998—2001 年间全部出版。《云南史料丛刊》的问世不仅完成了民族史同仁三十年的心愿，且进一步夯实了云大民族史的研究基础。江应樑、林超民主编的《中国民族史》（民族出版社，1990）共三册，110 万字，是新中国成立以来第一部中国民族史方面的通史著作，获得国家图书奖。此外，尚有一批影响力巨大的学术经典著述问世，例如，方国瑜的《云南史料目录概说》《中国西南历史地理考释》《彝族史稿》，江应樑的《傣族史》，尤中的《中国西南民族史》《中国西南边疆变迁史》《僰古通纪浅述校注》，木芹的《云南志补注》《南诏野史会证》《两汉民族关系史》《中华民族历史整体发展论》等民族史研究力作，以及李埏的《中国封建经济史论集》，李埏和武建国合著的《中国古代土地国有制史》，李埏和林文勋合著的《宋金楮币史系年》，李埏主编的《中国封建经济史研究》，武建国的《均田制研究》等经济史研究成果。

这一时期的云大史学发展呈现出以下特点：首先是相关学术机构的建立和人才培养体系的健全，云南大学获得了更大的发展空间；其次，明确了发展方向和目标，正式确立了中国民族史和中国经济史的传统优势学科地位；再者，学术成果大量涌现，青年人才不断成长，保障了云大史学研究的持续进步。同时，中国近现代史、中国古代史、历史地理学、历史文献学、南亚东南亚史、欧美史、非洲史等研究方向都有较快发展。

四、开拓创新：新时代下加快“三大体系”构建的特色道路

最近20年，云南大学的历史学在学科体系建设、学术研究、团队建设、人才培养、社会服务等各方面都取得了长足发展。2003年，获得历史学一级学科博士学位授权和博士后科研工作流动站。2006年，自主增设中国社会史、中国边疆学2个二级学科博士学位授权点。2007年，专门史（中国经济史、中国民族史）获准为国家重点学科。同年，获批云南省哲学社会科学研究基地“滇学研究基地”。2011年，中国史一级学科获博士学位授权。2016年，中国史入选云南省高峰学科。2019年，被教育部认定为首批“国家级一流本科专业”建设点。中国史在2017年教育部公布的第四轮学科评估中获得B（排名位于前20%—30%）。2021年、2022年公布的软科学科排名，中国史连续进入前10%。近5年来，云南大学历史学学科成员获得第七届高等学校科学研究优秀成果奖3项、第五届郭沫若中国历史学奖提名奖1项，获得云南省哲社优秀成果奖56项、云南省高等教育教学成果奖2项、云南省级教学奖3项；主持国家社科基金重大项目7项、一般项目近百项；承担中国历史研究院重大项目1项、委托项目6项，且系《（新编）中国通史·中国民族史卷》主编单位。云大史学已发展成为国内史学领域优势特色明显、教研体系完备、师资力量雄厚、科研成果突出、学术影响甚大的学术重镇。

持续加强平台、团队、师资建设，努力构建完备的学术体系。先后成立了中国经济史研究所、西南环境史研究所、中国历史地理研究所、古地图与丝绸之路研究中心、“数字人文”实验室等学术机构；建成5个省级哲学社会科学创新团队；持续打造西南学工作坊、中国民族史青年学者研习营、“富民社会”理论研习营等学术沙龙品牌。近5年来，引进7位在国内颇具学术影响的知名学者以及10余位研究能力突出的青年才俊，新增东陆骨干教授2人、东陆青年学者2人，国务院学科评议组成员2人，入选国家级人才计划3人，入选云南省级人才计划10余人。目前，云大历史学科团队共有正高级职称32人、副高级职称26人、中级职称18人，博士生导师17人。

推出了一批影响力较大的教研成果：《方国瑜文集》《李埏文集》相继问世；持续推出“中国边疆研究丛书”“云南大学宋史研究丛书”“云南大学中国经济史研究丛书”“云南地方经济史研究丛书”，以及方国瑜的《云南民族史讲义》，尤中的《中国西南民族地区沿革史（先秦至汉晋时期）》，武建国的《汉唐经济社会研究》，林文勋的《唐宋社会变革论纲》《中国经济史研究的理论与方法》《中国古代“富民”阶层研究》，方铁的《西南通史》，吕昭义的《英属印度与中国西南边疆：1774—1911》《英帝国与中国西南边疆：1911—1947》，陆韧的《云南对外交通史》，何平的《从云南到阿萨姆：傣—泰民族历史再考与重构》《东南亚的封建—奴隶制结构与古代东方社会》，李杰的《历史进程与历史理性》《马克思主义史学思想史》，殷永林的《独立以来巴基斯坦经济发展研究：1947--2014》，许洁明的《英国贵族文化史》，张锦鹏的《南宋交通史》，成一农的《当代中国历史地理学研究》，钱金飞的《德意志近代早期政治与社会转型研究》等学术力作。学科成员在《中国社会科学》《历史研究》《中国史研究》《世界历史》《民族研究》《世界民族》《中国边疆史地研究》《史学理论研究》《中共党史研究》等权威刊物上发表学术论文百余篇。同时，诚聘20余位海内外经济史、边疆学知名学者集中打造“中国经济史研究的理论与方法”“中国的边疆与边疆研究”研究生优质课程，以慕课方式推向全国，出版教材，以研促教，教研结合。

进一步巩固基础，凝练特色，发展新兴领域。通过学术合作、构筑平台、团队组建、推出成果等方式，不断巩固提升中国经济史、中国民族史传统优势学科，大力发展西南边疆史与中国边疆学、历史地理学等新的特色方向，取得了极为显明的成效，目前已发展成为云大中国史的四个龙头方向。同时，紧跟时代步伐，加强世界史、考古学建设力度，积极拓展数字人文、环境史、海洋史、国家治理史等新兴领域。其间积极开展话语体系构建的理论探索。林文勋教授的中国古代“富民社会”学说，自21世纪初提出以来，已确立起学术概念与学术框架，初步建构了自成一家的理论体系，成为新时期重新阐释中国古代特色发展道路的重要话语体系之一。以世界史研究为基础形成的一些政府决策咨询报告，获得党和国家最高领导人亲自批示，上升为我国对缅甸、中南半岛国家和南亚国家的重大决策，在全国产生了重大影响。

学术交流频繁，先后承办中国历史文献学会年会、中国灾害史年会暨西南灾荒史国际学术会议、世界史高层论坛、中国边疆学论坛、中国环境史国际学术研讨会、中国民族史年会、教育部历史学教指委中国史学科建设研讨会、地图学史前沿论坛暨“《地图学史》翻译工程”国际研讨会、第二届新时代史学理论论坛等大型学术会议，有力地推动和彰显了云大史学在国内外的学术影响力。

近20年来，云南大学历史学在强化特色基础上不断扩展新领域、新方向，大力推进团队和师资建设，积极开展科研项目申报和研究，持续推出优秀学术成果，扩大学术交流和学术影响，开拓学术推广和公众服务，实现了全方位、全系统的提升和体系完备。如今，云大史学同仁沿着先辈的足迹，在加快构建中国特色历史学学科体系、学术体系、话语体系的道路上砥砺前行，已开拓出一条符合实际、行之有效、彰显特色的发展道路。

编委会

2023年1月

出版说明

为迎接云南大学百年校庆，推动学术交流，纪念史学前辈对云大史学发展做出的突出贡献，表彰其卓越的史学成就，云南大学的史学同仁特意推出了“云大百年史学丛书”。

“云大百年史学丛书”包括《云南省边疆行政设计委员会与云大史学》（王冬兰著）、《私立五华文理学院与云大史学》（尹馨萍著）、《国立云南大学西南文化研究室与云大史学》（谢太芳著）、《〈学术研究〉与云大史学》（左菲悦著）、《历史系师生工矿史调查与云大史学》（李能燕著）共5种。该丛书以梳理重要学术机构与云大史学发展史为主旨，其中也辑录了非常丰富的原始资料，对云大史学发展史和相关学术研究均具有重要的价值。

前　言

2023年4月20日，云南大学将迎来百年华诞。百年学府，志学而立，健以自强。1922年底，云南省政府批准建校，名为“私立东陆大学”；1923年4月20日举行开学典礼；1930年改名为“省立东陆大学”；1934年正式更名为“省立云南大学”；1938年改称“国立云南大学”；1950年由中央高等教育部管理，改称“云南大学”；1958年划归云南省管理，“云南大学”的名称一直沿用至今。这改名的历史，是云南大学成长的记忆，云南大学经过百年的发展，逐渐成为学科完备、特色突出的国家重点高校。其中，历史学成为具有地缘优势和专业特色的学科。追本溯源，在建校之初，历史学就在一批批学人的苦心经营下奠定了学科基础。

这一批批熠熠闪光的学人中有顾颉刚、钱穆、向达、闻宥、方国瑜、吴晗、白寿彝等专业的历史学研究者，也有为学校建设鞠躬尽瘁的校长熊庆来……是这些有着开拓之功的学人的辛劳付出，为我们后辈学子种下了一棵棵供以“乘凉”的参天大树。

回顾历史，民国时期，云南地方政府为振兴本省教育，创建云南人自己的高等院校——私立东陆大学。在学校的发展历程中，校内同仁抓住学术转型机会，兴办附属的各种学术研究机构，为云南大学的学术发展奠定了坚实基础。其中，在熊庆来校长和方国瑜等人的努力合作下，国立云南大学西南文化研究室于1942年正式成立。

该室作为研究西南民族、文化、历史的学术机构，以方国瑜为主导的学人，聚焦西南边疆社会与历史，以书籍和报刊为物质载体，介绍研究成果，奠定了当下云南大学历史学研究的基础。同时在云南大学的发展历程中，历史系基于已有的学术基础，利用区位、地缘优势，进行国际性的跨区域研究，形成了具有学科优势的中国经济史、中国民族史、中国边疆学及西南边疆史研究、历史地理学、中国与南亚东南亚国家关系史等领域，成立了具有学科特色的西南文化史、中国民族史、云南地方史、中国封建经济史、西南边疆史、南亚东南亚史、西南亚史、西南古籍研究等教学科研机构。

本书通过追溯民国时期西南文化研究室的设立，所取得的研究成果，以及与云南大学历史学发展的渊源等方面，管中窥豹般回顾云南大学百年发展历程汇总历史学科的发展史，献礼百年云大。

历史学科的发展如此，其他学科的发展亦如是。云南大学百年的发展历程，离不开一个个为之努力过的个人，聚沙成塔，聚木成林，一辈辈、一代代学人共同建设、成就了今天的云南大学。在百年校庆来临之际，让我们回顾历史，不忘初心，努力求真，努力求新。

百年云大，生日快乐！

目　录

一、抗战大后方的西南边疆城市——昆明

千里迢迢的迁徙

20 世纪 30 年代中华大地战火纷飞，战火从东北边疆蔓延到东部沿海，一直到西南边疆。

1937 年“七七事变”，标志着全面抗战爆发。后战火烧到上海、江苏，中国经济较为发达的东南沿海地区成为战火的牺牲品。10 月 29 日，淞沪会战失利。战火不断蔓延，当时作为首都的南京也时常遭受日军空袭，国家命运岌岌可危。11 月 19 日，在南京召开的国民党国防最高会议上，蒋介石发表《国府迁渝与抗战前途》的讲话，决定迁都重庆，将四川作为抗战大后方。

随之而来的是华北、华东、华中及东部沿海的各类企业、政府机关、学术机构、工厂不同程度地展开迁移活动，大部分人潮分为东路、西路和南路进行迁徙，其中南路迁往西南各省。正如北方的北京大学、清华大学、南开大学三所高校先迁到长沙的岳麓山畔、橘子洲头和衡山之麓的衡阳，合组为“长沙临时大学”，短暂停留之后，再迁徙到云南的历程一样，南迁的人潮分三路人马前往西南边疆的云南省。他们一部分人从广州、香港走海路，坐船由越南海防经过滇越铁路直达昆明；一部分人直接沿着1937 年竣工的京滇公路步行，是从长沙经贵州到昆明的“公路步行军”，这批人就是当时被称为“湘黔滇旅行团”的闻一多、曾朝抡、袁复礼等人以及他们率领的学生代表；另一部分人经桂林、柳州、南宁到镇南关，再经过河内转乘行驶在滇越铁路的火车到云南。大批迁徙人员，终于来到了他们在《蜀镜画报》《中华（上海）》《小说月报》等报刊中看到的通过大观楼长联描绘的“五百里滇池，奔来眼底，披襟岸帻，喜茫茫空阔无边。看东骧神骏，西翥灵仪，北走蜿蜒，南翔缟素”的昆明。昆明这座有着“春城”之称的云南的省会城市，成了南迁的落脚点。

近日楼头：昆明的繁华中心（1939 年）

迁徙部队中的中央研究院历史与语言研究所（以下简称“史语所”）一行人在长沙短暂停留之后，带着 300 多箱器物，从长沙出发，乘船到桂林，经过越南海防进入滇南再转入昆明。1938 年春天来到昆明的诸位同人，暂住在云南大学隔壁青云街靛花巷的一处楼房中。

而从长沙经贵阳到昆明一路徒步的“公路步行军”，由闻一多等几位教授带着的 200 多名学生，他们沿途是否慨叹祖国西南边疆的壮丽，我们无从知晓，但跋山涉水 3500 多公里，日夜兼程将近 70 天的时间里，满身的风尘和疲惫不言而喻，这已写满他们沧桑的脸庞。一行人走在昆明的街道上，大部队经过史语所租赁的拓东路宿舍时，语言组的赵元任率同人迎接，还为他们填词谱曲一首欢迎歌曲，并命名为《遥遥长路，到联合大学》：

遥遥长路，到联合大学。
遥遥长路，徒步。

遥遥长路，到联合大学。
不怕危险和辛苦。
再见岳麓山下，
再会贵阳城。
遥遥长路走罢三千余里，
今天到了昆明。①

他们或许不知，刚刚所经过的是有着“云津夜市”之称的得胜桥周边。“得胜桥”是一座历史悠久的古桥，元代称为大德桥，明代因为“云津夜市”改为云津桥，清代平定“三藩之乱”时，清军由此桥攻入，并获得胜利，故名“得胜桥”。当时的人们并不知道国家未来的命运前途需要如何挽救，也不知道因为国难长途跋涉来到西南边疆省城的人，与这里土生土长的人思想、文化的相互碰撞，会使这里发生怎样的变化？

昆明金马碧鸡坊（1938 年）

① 刘宜庆：《绝代风流·西南联大生活录》，辽宁人民出版社 2020 年版，第 7 页。

随着大批学者来到西南边疆，在国家危亡面前，学人自发探索如何就所学贡献力量以挽救国家危亡。其中清华大学、北京大学、南开大学三所学校在昆明组成的“西南联合大学”，做出了一定的学术贡献。在这个民族危亡、社会变革的时代，云南大学在这次人才大量迁滇，学人对西南边疆的关注之下，在时局所需与人才优势相结合这一历史机遇与风云际会之下，不断完善自身的学科建设，加强学术交流。同时云南大学学人密切关注国家危机与局势，创建研究刊物，设立研究机构，体现了云南学人的学术关怀与家国情怀。

随迁徙大潮来到昆明的凌纯声就曾明确说过此时期学术界研究西南的近水楼台之便利：“以前要研究边疆，而边疆不易来；要开发边省富源，而资本缺乏。现在沿海的人才财力都已被迫流向边地，正是建设西南边疆千载难遇的机会，希望举国上下、切莫错过。”① 1947 年，黄文山肯定此次迁徙带来西南边疆研究的学术活力：“直至抗战期间，国内学者由沿海内迁西南，与各民族接触之机会日多，西南民族文化之调查研究，始较往昔为深切。”②正是在国家危亡的时刻，中国的东北、西北、西南边疆作为中国不可或缺的组成部分引起时人的平等关注，西南社会也为时人所了解和熟悉。

政学两界聚焦西南

抗日战争时期，随着东南地区沦陷，大批学人、机构迁往西北、西南边疆，以往人们重视不够的边疆地区成为抗战的大后方、结合部、最前线。在对边疆地区进一步了解后，人们普遍感受到外来侵略的威胁和边疆地区的重要，掌权者们对边疆民族聚居地区的重视程度日渐增加。因此，国民政府注重发展边疆地区的经济，开展边疆教育，以提高边疆地区各民族的抗战救国意识，动员民众抗战救国。

在国家层面，1935 年 11 月国民党第五次全国代表大会宣言第八项要求“重边政，弘教化，以固国族而成统一”，并颁布《边疆从政人员奖励

① 凌民复：《建设西南边疆的重要》，《西南边疆》1938 年第 2 期第 6 页。
② 黄文山：《岑著“西南民族文化论丛”序》，《社会学讯》1947 年第 5 期第 9 页。

条例》，对边疆从政人员予以较高等级待遇或任用。规定任满三年或成绩优良有三个月至六个月的休假，赴任之旅费、治装费以及任所之住宅并医药费由政府发给。如携眷前往，家眷旅费亦由政府津贴。在任用之前，予以短期训练①。

正是在这种思想和政策的驱使下，全国范围内掀起边政建设热潮。云南作为西南边疆拥有少数民族最多的省份，四周除与广西、四川、贵州、西藏等省份相邻外，其西部与缅甸接壤，南部和东南部分别与老挝、越南接壤。云南因其重要的战略地位，是当时国民政府进行边疆开发和教育的重点关注地区。

1935 年蒋介石亲临昆明，考察云南的经济、政治、文化事业。他将云南的发展定位为“建设一个真正工业化的云南，来作复兴民族一个最重要的基础”②。在全面抗战爆发时期，国民政府西迁重庆，西南边疆地区的国防地位越发重要，西南的社会地位迅速提高。国民政府制定巩固西南国防的政策，这一现实需要也促进了西南研究的发展。

圆通山下之圆通寺（1947 年）

① 陶云逵：《关于〈边疆从政人员奖励条例〉》，《云南日报》1943 年 5 月 30 日。

② 蒋中正：《希望全滇民众负起复兴民族之责》（二十四年五月十三日在云南各界民众欢迎大会讲演），《中央周报》1935 年第 363 期第 28 - 29 页。

1937年4月，国民政府组织“京滇公路周览团”，循着刚开通的京滇公路，从江苏出发，经安徽、江西、湖南、湖北、贵州、广西、四川，来到云南。这一次游览之后，京滇公路通览筹备会云南分会还编写了《云南概览》一书，对云南社会各方面进行详细介绍，以宣传云南。就在这一年，宣传云南自然环境、旅游的书籍层出不穷。郑子健写下日记体《滇游一月记》，1938年即再版发行，可见行销之广。云南通讯社编辑、云岭书店发行《滇游指南》，书中附有云南地图等。

这些政治性质的访问和文化性质的书籍宣传，勾勒出包括昆明在内的云南各地日渐丰富的社会图景，也让云南各地逐渐为世人所认识。

20世纪30年代中国的边疆研究呈现南北不平衡的局面。因为边疆研究起源于时人对国家危机的关注，清末沙俄、英国对我国西北的探险和侵略导致边疆危机，所以学人对西北边疆进行历史研究、实地考察，掀起了第一次边疆研究的热潮。20世纪30、40年代，西北地区危机有增无减，同时日本发动对东北的侵略，学人将对中国西北、东北边疆的研究与现实关怀紧密结合起来，因此西北、东北边疆研究成果丰硕。

黑龙潭，距城廿公里（1947年）

而当时社会各界对西南边疆关注则较少。部分有志之士关注到这一不平衡局面，马仲侠认为："关于蒙、藏、东北各方面，国人讨论的文字很多，惟独关于西南方面，尤其作者认为最重要的云南，讨论的比较少。在'开发西北'的声音下。云南也许被大家轻视了。"① 这样的观点，在当时社会舆论制造机——报刊上多有报道。

20 世纪 30 年代末初来乍到的大批学人，面对传统观念中落后的云南，展开对这片新土地的探索。边疆研究热潮也发生了向西南边疆研究的转向。时人在《西南边疆》中发文呼吁研究西南边疆："西南成为今后抗战建国的重心，'开发西南''发展西南'，不期然就成为全国人士一致的呼声了！可是现在已非坐而言的时候，是要起而行的时候，'行'之先，尤必须对西南一般实际情况有正确的认识和深切的了解，然后才'行'得通，才能收实际的效果。"② 社会上对西南边疆研究的呼吁和关注，促进了云南本土的高校——云南大学的教职人员对云南史地研究的关注。在国家的关注、学术力量增强等外在因素的影响之下，以方国瑜为主的教职人员，出版了研究刊物，设立了研究机构，形成了西南民族历史文化研究中心，奠定了云大史学的基础。

家国情怀：方国瑜边疆史地研究的转变

民国时期云南边境的中英滇缅、中法滇越的划界问题，成为国家层面对云南历史、地理关注的直接导向性因素。20 世纪 30 年代，国民政府专门派尹明德组织人员与英国当局就滇缅未定界的勘界问题进行会谈。此时国家对西南边疆的关注，也促进云南学人关注地方史地研究。

20 世纪 20 年代，云南丽江的一位纳西族青年——方国瑜开始了北上求学之路。这位 1903 年出生的方氏子弟，自幼研习中国古典文化中的诗词、典籍，是一个有着诗词梦的孩童。年少时期跟着家乡的和让先生专攻诗词。六年的学习，和让先生却引用严沧浪的诗词告诉他："诗有别才，

---

① 马仲侠：《云南的过去现在和将来》，《边事研究》1936 年第 3 卷第 3 期。
② 王兴瑞：《西康文物展览会》，《西南边疆》第 5 期，1939 年 3 月。

非关学也；诗有别趣，非关理也。”诗词写作需要别样的才能和意趣，和学问、抽象的说理关系不是很大。这可能就是和让先生的委婉劝说吧。

1923年到达北京之后，方国瑜报考北京师范大学，先读两年预科，之后升入本科学习。在预科阶段，方国瑜在老乡范士融的解惑之下，从治学门径到传统文化再到新式知识，对选修和旁听课程做了详细计划。他选修了沈兼士的“读书法”、钱玄同的“清代学术”、鲁迅的“中国小学史”、梁启超的“中国文化史”，旁听了高一涵的“政治学”、陈大齐的“认识论”和赵元任的“语言学”，还学习了传统的历史文献学中的目录、校勘、训诂、考据等国学的基本知识，认真研习《輶轩语》《书目答问》，这一系列学习为其此后从事考据学、历史文献学研究打下了扎实的基础。

方国瑜

1926年，方国瑜因眼疾回乡养病，其间多读中国传统治史之书。他在读书笔记《纂修丽江志私议》中，对方志与治史之间关系进行了思考。“地方志书，所以补充史之不足；国史载其大者（以关系言），志书载其小者；量不同，质则一也。故志书应待作国史之一小支脉。”[①] 此时，方国瑜的学术研究还是以传统的历史研究为主。

1929年，方国瑜再次回到北平复学，在北京师范大学国文系学习，此时主攻钱玄同先生的“中国音韵学沿革”。第二年考入北京大学研究所国学门，在两所学校共同学习中国传统的历史文化。他在北京大学的毕业论文是关于音韵学研究的，题目是“广韵声汇”，最终写成《广韵声汇表》，并进一步考订唐、五代时期的写本，写成《隋唐声韵考》。此时的方国瑜，回想从家乡来到北京的求学经历，慨叹道：“六年学诗，几无佳篇；几载治史，反倒小有成就。人大都有可造就之处，只不过因才质、兴趣的不同而成就不一而已。”

在北平求学期间，方国瑜还认真学习学校开设的其他课程，包括刘半

① 方福祺：《方国瑜传》，云南大学出版社2001年版，第31页。

农的“语音学”，吴承仕的“三祀名物”“经典释文”，黎锦熙的“国语文法”，范文澜讲述的《文心雕龙》，目录学家余嘉锡开设的“目录学”“校勘学”，杨树达的“古文法”等课程。而在与诸位先生的交往中，他也深受影响，其中格外受北京师范大学陈垣先生言传身教的影响。方国瑜不仅在陈先生的课堂上认真学习，还去陈先生家里请教治学方法。这一段求学经历，坚定了方国瑜“献终身于祖国的史学工作”的志向。

1933 年毕业的方国瑜在所长刘半农的建议下，研究自己民族——纳西族的象形文字。纳西族的象形文字是一种古老的文字，有着悠久的历史。法国人巴克在丽江旅行时，曾写作《纳西研究》一书，介绍丽江纳西族的象形文字。刘半农将此书分享给方国瑜，想让他这位土生土长的纳西族人，根据纳西族语言、生活状况研究纳西文字的精妙之处。带着这样的学术使命，方国瑜南下归乡。

归乡途中，方国瑜在昆明与当时云南学界的老前辈袁嘉縠、由云龙、赵式铭、秦光玉、方树梅、周钟岳相见。这是因为方国瑜致力于音韵、训诂、金石之学，其发表的文章引起了诸位学界前辈的关注。此次昆明的相见为方国瑜日后参加《云南通志》纂修提供了契机，也为其研究空间定位转向云南奠定了基础。

方国瑜回到丽江后，对金沙江、玉龙雪山、巨甸等地展开考察，搜集纳西族象形文字、经书资料，请东巴祭司、东巴教徒分别讲述东巴教传说、教义、道场仪式，写下东巴文字的卡片、标音字汇，再将资料进行汇编后，最终请东巴祭司和士贵进行考订。当方国瑜带着写成的关于纳西象形文字的资料一心北上路过昆明时，在私立东陆大学任教的袁嘉縠劝其留在昆明，振兴家乡的学术。急于求教的方国瑜虽有心建设家乡，但刘半农先生悉心安排的工作还没完成，不得不启程，终于在 1934 年 7 月回到北平。

千里奔波的方国瑜到了北平没几天，刘半农因西北考察过程中染上回归热症于 7 月 14 日溘然长逝。方国瑜失去一位良师益友，深为哀痛。望着那一摞刚写就的纳西族研究资料，良师已走，愁苦不已。

此后经钱玄同推荐，方国瑜去私立民国大学文学系教授“文字学”“音韵学”等课程，又去辅仁大学教授“中国音韵学”，实现了学以致用。

但那本写就的研究纳西文字的书稿，又督促他继续学习语言学，不断学习和奋进。1934 年夏天，他得偿所愿，经过董作宾的介绍，从北京来到南京，师从赵元任、李方桂学习语言学。其间住在中央研究院历史研究内，在该所和南京国学图书馆得以博览群书，辑录有关云南的史料，也开始写作涉及滇缅未定界的地名考证等文章。在这个节点上，用他自己的话说就是：“便正式开始了从事云南地方史的研究工作。”

在学习语言学以后，方国瑜编写纳西语音标，第二年修成初稿，书名定为《么些文字汇》。写成之后携书去请教寓居苏州的国学大师章太炎先生，此时也拜访了寓居苏州的李根源。

李根源（1879—1965），字雪生、印泉，云南腾冲人。1909 年任云南陆军讲武堂的监督和步兵科教官，办理片马防守交涉事务，后经过实地考察写就《滇西兵要界务图注》。1911 年昆明重九起义后，任云南陆军第二师师长等职，管理云南楚雄等地三十五个州县。1918 年兼任滇军第四师师长。他是土生土长的云南人，加之在各地任职对云南各地非常熟悉，所以寓居苏州期间，在他的曲石精庐，编辑、出版《大理史城董氏族谱》《腾冲叠水河李氏族谱》《文氏族谱续集》《娱亲雅言》《观贞老人寿序录》《观贞老人哀挽录》《雪生年录》《九保金石文存》《阙莹石刻录》《云南金石目略初稿》《腾冲金石目略》《虎阜金石经眼录》《洞庭山金石》《叠翁行踪录》《吴郡西山访古记》《景邃堂题跋》等有关云南文化、历史类书籍。因为李根源和方国瑜之前归乡见到的周钟岳都是赵藩的学生，又因方国瑜在与周钟岳的往来交谊中，认识了李根源，所以彼此之间有了书信往来。

李根源

方国瑜与李根源相见时，除讨论李根源正在编辑整理的《云南金石目录续编》之外，还谈及云南的史地研究。李根源同他说到，界务类问题的研究，倘若缺乏史地考察和亲自去感受社会、走进那片土地，写出的文章还是过于空洞了。尤其是想要研究地方历史，更要亲履其地，不然很难有建树。两人还一同拜访章太炎先生，章太炎为《么些文字汇》写下序言。

此行方国瑜收获无疑是丰富的，受教于国学大师章太炎，向其请教音韵、训诂等国学问题，同时与李根源讨论云南史地的相关研究。

李根源、刘成禺在苏州章太炎家摄（1936 年）

1935 年，在国家层面上就中英滇缅未定界的边境地区进行会勘时，尹明德被任命为中国方面的委员。尹明德通过李根源联系到方国瑜，希望其可以参加此次勘界工作，因为方国瑜关注中英会勘滇缅南段未定界问题，在《新亚西亚》上发表《滇缅边界的菖蒲桶》《葫芦王地之今昔》《条约上滇缅南段未定界之地名》等文，引起尹明德的关注。勘界问题和界务对地理、历史问题的了解和把握，尤为重要，方国瑜有了部分历史研究基础，有责任为家乡、为国家尽绵薄之力。同时李根源也建议他读万卷书行万里路，亲自到云南的滇缅、滇越边境去走走看看，“当亲履边境，研究地方史事亦甚有益”。方国瑜欣然答应尹明德之邀请。

正是这次“中英会勘滇缅南段未定界”与中国委员随行的经历，使得方国瑜得以有机会参加滇缅未定界问题的商讨，亲历会勘过程，明白史地研究对于现实的作用。他曾在日记中记载：“试问界线可以不顾证据，何贵乎有此次勘察？岂不以全勘之效用等于零乎？”得以“赴滇西边区考察，周历傣族、拉祜族、佤族地区”，并写就专书《滇西边区考察记》，这为随后其在云南大学任教奠定了实践基础和学术基础。[①]

尹明德

此时期学人的学术转向与现实关怀，同国家国防建设密切相关。方国瑜作为土生土长的云南人，研究经历从传统的音韵、训诂等国学研究转向云南史地之学，这也是在当时云南民族众多、边境地区文化复杂、社会落后，传教士文化对民众的影响加深，加之国防危机，人们目光转向经世致用的史地之学的社会情境影响下发生的转变。

1936 年 8 月，方国瑜正式入职云南大学，在文史系教授“国文”“目录学”“校勘学”“声韵学”以及“云南文化史”等课程。

政学互动：龙云与熊庆来共同建设下的云南大学

1928 年，龙云在风云诡谲的政变中取得了最后的胜利，南京国民政府正式任命龙云为云南省政府主席，龙云主政云南后，面对千疮百孔的社会时局，制订了“新云南”建设计划，改进云南的县政建设。在其建设云南社会的蓝图指导下进行的社会建设，为云南大学的发展提供相对稳定的环境。

龙云的“新云南”计划具体分三步走，层层递进。第一步是“军事时期”，主要是解决战争遗留问题，戡定各地零星动乱，建设基层行政组织，创建稳定的基层社会；第二步是“恢复元气时期”，休养生息，循序渐进，复兴战争导致的金融紊乱、民生凋残的社会，调整庶政，重点建立金融、

① 方福祺：《方国瑜传》，云南大学出版社 2001 年版，第 58 页。

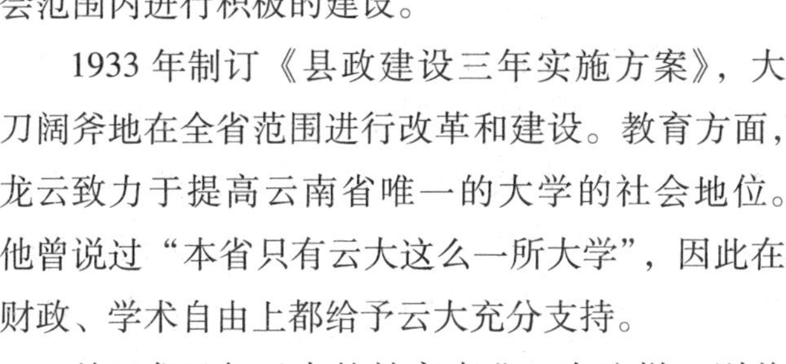

财政制度，奠定各种行政的经济基础，创建一个经济平稳运行、民众居有定所的社会；第三步是“建设时期”，在基本行政秩序稳定之下，在全社会范围内进行积极的建设。

龙　云

1933 年制订《县政建设三年实施方案》，大刀阔斧地在全省范围进行改革和建设。教育方面，龙云致力于提高云南省唯一的大学的社会地位。他曾说过“本省只有云大这么一所大学”，因此在财政、学术自由上都给予云大充分支持。

关于龙云与云南的教育事业，有这样一则美谈。西南联大在昆明设立以来，龙云都比较尊重其自主权。有一次在家宴上，龙云与联大梅贻琦校长聊天，因为他女儿龙国璧考联大落榜，他问道：“梅校长，可不可以破个例录取小女?”梅贻琦脱口而出：“不可以。我们学校的学生都是通过考试录取的。分数达不到录取标准，谁也不破这个例。不过我可负责请最优秀的老师为令媛补习功课，明年再考。至于补课酬金，龙主席自是不会不付的。”这样的玩笑话语，堂堂的一省主席龙云丝毫不生气，相反还很认可梅贻琦的人品。宴会过后，龙云派车护送梅

国立云南大学校门

贻琦回府，可见龙云主政时期对文化教育尤为重视。

1937 年龙云在提高云南大学的教学水平方面，做出了一个尤为重要的决定：多次发电文邀请熊庆来回滇执掌云大。

这可从当时学人之间的往来交谊讲起。云南大学李埏教授回忆，方国瑜在入职云南大学后，“是一位热爱桑梓，以振兴云南教育为务的学者。他看到云大亟待改进，便向云南省教育厅长龚自知先生及通志馆秦光玉、周钟岳、由云龙、袁嘉穀诸前辈恳切呼吁改进，建议延聘迪之先生回滇长云大。龚自知先生是一位有学问、热心教育事业的人，在现代云南教育史上做出过重要的贡献……国瑜先生的建议正合他的意愿，于是与迪之先生反复洽商”①。

这样的人才推荐建议，除了方国瑜之外，云南省教育厅厅长龚自知、建设厅厅长张邦翰、省经济委员会主任缪云台以及龙云夫人顾映秋等人，也多次分别向龙云推荐熊庆来是云南大学校长的不二人选。

张邦翰，昭通镇雄人，是龙云的老乡，早年留学法国和比利时，学习建筑学，而熊庆来是他留学时的学弟，对熊庆来在法国的数学研究非常了解。缪云台是熊庆来在云南方言学堂的同学。而顾映秋在北平读书时，就和熊庆来相识，常去熊庆来家请教问题，对他的学识、才干非常了解。

熊庆来（1893—1969），字迪之，云南弥勒人，1907 年考入昆明的云南方言学堂。1913 年，考取公费留学，赴比利时的包芒学院预科学习矿业。1914 年 8 月，转往法国改学数理，先后就读于巴黎大学、马赛大学等校，获蒙柏里大学理科硕士学位。20 世纪 20 年代回国，先后就职于东南大学、清华大学，任算学系教授、主任。1931 年到法国的庞加烈研究所研究函数论。1932 年完成《关于无穷级的整函数及亚纯函数》论文，获法国国家理科博士学位，1933 年回国。

熊庆来

① 李埏：《熊迪之先生轶事》，载李埏著《不自小斋文存》，云南人民出版社 2001 年版，第 719 页。

此时的他很迟疑，是否要回来建设家乡。在当时云南这个经济、文化均有待发展的西南边疆省份，如何发展云南教育？云南政界是否会左右教育发展？种种顾虑之下，熊庆来提出“增加经费，争取改云大为国立，省政府不干预大学教务、人事、行政”等意见作为入职云南大学的条件，获得龙云的同意。龙云的再三邀请与政策关怀最终换来熊庆来在云南十二年的峥嵘岁月，打造了西南边疆的国立云南大学的“黄金时代”。

1937 年 6 月熊庆来怀着激动的心情从北平出发踏上归滇的旅途。他沿途在南开大学、南京大学、中央大学等校选聘学者来滇任教，共有吴晗等三十余人，预先实现了其“慎选师资”的理念。其中，闻宥是后来成立的西南文化研究室的名誉研究员，丘勤宝在云南水利事业中做出重要的贡献。

同年 7 月 15 日，他风尘仆仆来到张邦翰的公馆时，大批记者已经在等着这位国际知名学者。记者寒暄过后，问其对云大今后的计划若何？

会泽院及龙门道，后者又被称为 95 级台阶

他暗自思忖，这个问题不仅仅是云南省教育的问题。省政府计划将云大由省立改为国立的计划和准备，是对全局的整体思考，是振兴滇省教育

与抗战大后方建设的结合。他说道："改为国立之事甚为重要，那不仅是本省教育建设之幸，也是关乎整个国家文化建设的事情。"他看了看周围这群眼里充满光的人，说道："我国高等教育一向偏重北方及京沪一带，有失教育均衡发展之意。"但是他满脸笑容，自信地说："云南省大所担负的使命，应该是推进学术研究，造就实际建设人才。本省天然条件优越，如采矿冶金、动植物等，应有专家研究，省大应该培养开发资源的实干人才。现在教育部辑中英庚款均有补助，加之省政府当局热心倡导，前途的发展很有希望。"① 熊庆来从云南的地方优势出发，因地制宜，制订学术研究和学科机构设置计划，对抗战大后方的云南大学的未来是充满干劲和希望的。

熊庆来在与龙云的会谈中，提出了就职云大后的三项"约法"，要求云南省政府，一是不对校务行政横加干预，二是校长有招聘、解聘教职员的自由权力，三是学生入学必须经过考试，不能凭关系介绍。

后来熊庆来在自传中表明了当时的心境："我鉴于那时国家教育学术的发展甚不平衡，感觉能在西南经营一所健全的大学应有重大意义，尤其当国势艰危之时。"

熊庆来与国立云南大学算学系第一班毕业同学的合影

---

① 张维：《熊庆来》，河北教育出版社 2001 年版，第 201－202 页。

自1923年第九届全国教育会联合会在昆明召开后，时人对云南的教育有所了解。1935年蒋介石亲临昆明，提出发展云南工业的指示，云南在全国有了更高的知名度。但在1937年，云南由于地理位置和西部交通的不便，从内地到昆明，却需要办理出国护照，因为需要由水路坐船到香港、越南，再沿着滇越铁路从河口到云南的开远，最后转达昆明。交通因素一直是限制因素，更不用说云南教育的落后。熊庆来的到来，给云南大学注入了新的活力。正是在这样有魄力的校长筚路蓝缕、呕心沥血、事必躬亲的管理下，在他努力营造的活跃的学术氛围中，云南大学下属的西南文化研究室才得以在艰难的条件中一直运行。

熊庆来还专门为云南大学写下校歌："太华巍巍，拔海千寻；滇池淼淼，万山为襟；卓哉吾校，其与同高深。北极低悬赤道近，节候宜物复宜人，四时读书好，探研境界更无垠。努力求新，以作我民，努力求真，文

雲南大學 校歌

1=A 4/4
有精神的

熊庆来作词
赵元任作曲

太华巍巍，拔海千寻；滇池淼淼，万山为襟；
卓哉吾校，其与同高深。北极低悬赤道近，节候宜物复宜人，
rit a tempo
四时读书好，探研境界更无垠。努力求新，以作我民，
努力求真，文明允臻；以作我民，文明允臻。

国立云南大学校歌

明允臻；以作我民，文明允臻。”在战火纷飞的年代，学人乐观治学的精神一览无余，而学人求新求真的科研精神影响人们至今。

边疆·国家：云南大学的学术使命

民国时期，地处西南边疆的云南省，深受社会发展、进步思潮的影响，兴起自主创办大学的呼声，1922 年 12 月，在唐继尧的支持下，私立东陆大学正式组织创设。1928 年，龙云主政云南后，致力于将私立东陆大学改革为国立大学，1930 年，省政府以“大学内容逐渐进行扩充，经费不济，省政府为谋教育系统之调整，教育事业之连续，及大学本身之发展计”，先将其改为“省立东陆大学”，经费由省政府拨发。1934 年正式更名为“省立云南大学”。1937 年 7 月，云南弥勒县人熊庆来应龙云之请回

东陆大学校门（1927 年）

乡服务桑梓，任云南大学校长，不断完善大学的学科建设和人才培养。1938 年 9 月，国民政府行政院颁发“国立云南大学”关防，至此国立云南大学的名称就确定下来。云南大学在全国的地位得到提升，同时也完成了一次学术使命的飞跃。

（一）最高学府与学术关怀：私立东陆大学的使命

云南大学作为西南边疆高校、云南省教育的最高学府，早在 1922 年预备成立之时的《东陆大学组织大纲》中，就明确使命和责任“不仅为造就本省本国人才，并为东亚学习研究学术，昌明文化起见”，并“以研究高深学术，造就专门人才，并传播正义真理为宗旨”。注重人才培养和跨区域的研究视野，有着从边疆到世界的广阔视野。

东陆大学之外观（1926 年）

云南大学不仅具有明确的学术使命，还具有强烈的现实关怀。1923 年成立时，虽名为“私立东陆大学”，但是唐继尧在开学典礼上说明建校原因之一就是“拟以固有文化精神，吸收新文化，成一折衷适于国情者。非谋建设一最高学府以研究之不可”。这与民国初年中国社会思潮迭新，不断探索适合中国实际的思想相符合，由此可见云南大学建校之初的初心与

使命。同时，在东陆大学时期，文科已设置历史系。

東陸大學校訓

自尊

志學而立　建以自彊　不偏不倚　毋怠毋荒

世方萬變　我自抱一　高迺勿危　立乃勿蹶

致知

子輿有言　立乎其大　大者先立　天君自泰

何以致之　在致良知　良知吾心　吾心吾師

校訓　三

校訓

正義

履蹈正誼　罔涉回邪　耿介拔俗　盡掃浮夸

廉隅外礪　詩書内華　不撓不折　凜然孔嘉

力行

非知之艱　行之維艱　知行合一　允矣名言

莊毅日强　同撑大厦　願持此言　質諸天下

四

东陆大学校训

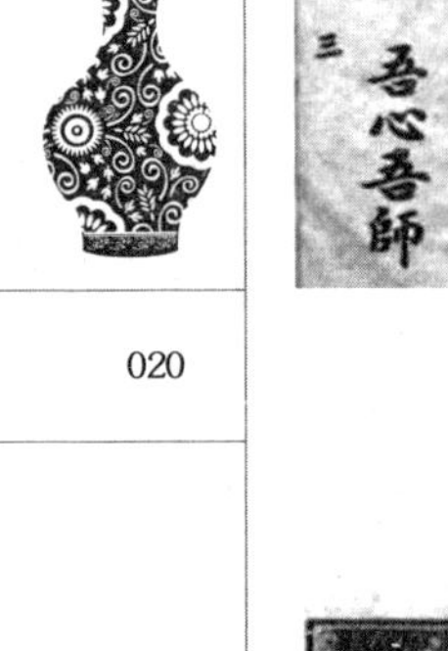

东陆大学校园（左上为理化室，左下为会泽院，右上为教务处，右下为喷水池）

1934 年，在龙云等人的努力下，“省立东陆大学”更名为“省立云南大学”。此时期云南大学的学科教学和师资储备力量在不断增强。其中就有方国瑜，一方面因为其于 1936 年参加中英滇缅边界会勘问题来到昆明，后准备返回南京，学界前辈袁嘉穀等人劝说其留下在云南大学任教；另一方面因为新更名的“省立云南大学”已经成立国文系，往外省聘请专职教师开设校勘、金石、文字等课程，始终没有结果，学校希望方国瑜以其所学教家乡学子，时任云南大学校长的何瑶也向其伸出橄榄枝，方国瑜最终留了下来。这可能也与他此次的勘察经历有关，进入云大不仅可以就所学开设课程，还可以就近研究云南史地之学。此时，学校在教育学院的师范专修科设“文史史地组”。后又在文法学院下设历史社会学系。

对于此时的云南大学，无论是师资力量、学术环境，还是社会环境都有利于它的发展，学校发展蒸蒸日上。在 1937 年云南大学编辑委员会编印的《云大特刊》中，学人热情洋溢地拟写了“云南大学八景”：

（一）翠掩重门

铺花藉草艳阳天，紫燕翩翩任往还。
为爱松荫浓处好，课余围坐话南滇。

（二）兰院春暖

蜂蝶纷纷叶底忙，山茶开罢素馨香。
春深画暖人初醒，点点新红上海棠。

（三）华屋书声

层楼面对碧漪亭，山色湖光入望青。
细雨杏花人意好，书声最喜隔墙听。

（四）曲径通幽

绿槐夹道苔痕湮，翠销幽篁人不知。
踏遍浓阴无觅处，至公堂北讲堂西。

（五）深林鸟语

绿阴深处几声啼，底事黄莺对对飞。
安得侬生生羽翼，枝头合舞不须归。

（六）柳荫球戏

桃开花靥柳摇青，万里山光展镜屏。
为爱健儿好身手，球场闲看蹴飞星。

（七）方池喷泉

抛珠泻玉落方塘，不雨无风意也凉。
疑是瑶台仙作戏，偷将琼液此间藏。

省立云南大学（1937 年）

（八）竹摇青影

是谁偷得蓬莱种，移向人间到处栽。
对此翛然尘虑尽，蕙风过后梦初回。

左上为图书馆阅览室，右上为会食堂，左中为化学实验室，左下为科学馆，右下为风节亭

此时的云南大学学人对学校的教育和未来充满了期待。

（二）学术与国家：抗战大后方的云南大学

当熊庆来完全执掌云南大学以后，他一步一步登上 95 级台阶，坐在可以俯瞰翠湖碧波的会泽院里的办公室，抽着一支烟，愁眉紧锁，思考抗战中的云南大学究竟该如何发展。云南大学的学术使命不仅是教育一方百姓，传承学术精神，更重要的是如何让学人明白：学术救国是我们每一个中国学人责无旁贷的事，天下兴亡，匹夫有责！

他提起笔在纸上写下了《抗战中后方对于学术建设之责任》，于 1937 年 12 月 5 日刊登在《云南日报》，掷地有声地告诉社会，学术是国家精神的内核！

> 吾国今日对日之抗战，为全面的，为革命的，已为定论。因其为全面的，故无论前方后方，皆有其无可旁贷之责任。因其为革命的，是宜认定目标放大，以求国家战后之出路……前方遭受敌人破坏与摧毁者，应于后方即谋补救，他日国家之宜开发与振兴者，亦应于后方早奠基础。故抗日之下，建设仍不可忽视，而学术建设尤要也。

国立云南大学校门

云南大学已由省立改为国立，学生已较战前增加数倍（1939 年）

他认为原因在于："盖学术乃国家精神所系，倘此重要元素一旦受敌摧毁消灭，则国家地位必受影响。"

他呼吁社会关注沦陷区京沪的教育，号召学人建设西南学术："上轨道之学术工作，多因之中辍，已有国际地位之学术刊物，亦大都停版。吾国之整个学术生命，至是已濒于危殆。倘比较安全之后方不谋挽救，必待战争终局，方图恢复，则基础既毁，建设需时，吾国学术之发展，必后退十年乃至二十年，而一切建设，亦蒙其影响。"所以，西南后方各省"不能不起而负担……共图延续我国学术之生命，而树立我民族复兴之基础"。

熊庆来是这样说的，他也是这样做的。他立足求学经历，借鉴法国巴黎大学、英国剑桥大学的优点，从课程适应社会需要、师资设备完善、学术贡献与社会的层面思考云南大学的定位。

综合云南的地方优势和发展需要，为达教育部规定的国立大学院系设置标准，他带领各位同人将理工学院划分为理学院和工学院，在医学专修科的基础上，添办医学院，同时将文法学院的中国文学系改为文史学系，政治、法律、教育三系则维持不变，进一步聚焦和提高历史学科的地位。

海心亭望云南大学（1940 年）

在云南大学发展的同时，历史学的相关学科、院系也在不断调整并逐渐设置完备。1923 年正式招生时就开设了历史学相关课程，1925 年春，正式设置历史系，这也是云南大学最早设置的院系之一。熊庆来任校长后进行院系调整，将文法学院中的“中国文学系”改为“文史系”，增设“社会系”。这奠定了云南大学地方历史、西南历史、中国历史研究的院系基础。

1938 年底大批学人迁来、云集昆明之际，云南大学已经走过 10 余年的时光，真正从私立到省立再到国立，学校几经更名，逐渐成为一所文法、理、工、医、农齐全的综合性大学，体现了云大“会泽百家、至公天下”的精神。云南大学还通过聘任、兼职、开展讲座等方式延请学术有专攻的学人前来交流学术。外来学者和校内学者的共同努力促进了地处西南边陲的省立云南大学的发展。随着教学、科研质量的提高，国立云南大学迎来第一个辉煌时期。

总的来说，20 世纪 30、40 年代是云南大学的第一次辉煌时期，在国民政府和云南地方政府的政策支持下，在省内外学人的关注和研究下，云南大学设立文法、理、工、医、农学院五个学院，创建了一批地方特色的学科，如云南历史文献学、云南金石学、云南历史地理学等，这与云南地缘优势有关，同时也与当时创建的一批学术机构密切相关。国立云南大学西南文化研究室就是其中一所专门性的学术研究机构。

二、烽火中的学术重镇——国立云南大学西南文化研究室

学术研究贡献抗战：方国瑜等人创刊《西南边疆》

1936 年夏天方国瑜回昆明执教于云南大学。1937 年夏天熊庆来应龙云之邀，任云南大学校长。二人在此后的工作中有了更多的交集。

1937 年熊庆来在开学典礼上的讲话中指出："大学不仅是一培养人才之机关，而同时是一学术之源泉。"同年底进行院系调整，将文法学院下属的中国文学系改为文史系。在云大二十二周年纪念校庆特别刊的发刊词中，熊庆来再次重申云南大学贯彻始终的使命："教育乃百年大计，学术是国家灵魂，不容受损失。本校有二十二年之历史，有时代之特殊使命，其生命岂应中断?"方国瑜在这样的社会需要和学术环境之下，致力研讨云南史地之学。

1938 年，在纷飞战火中，大批学人来到西南边陲，涌进他们最初认知中的春城——昆明。身为云南大学教员的方国瑜与史语所的凌纯声等人讨论边政，在共同的学术志向影响下，方国瑜、凌纯声、向达、楚图南、闻宥等人在昆明创办了《西南边疆》杂志，承担起加紧推进文化学术工作的责任、文化使命和云南大学的时代使命。

在《西南边疆》的发刊辞中，方国瑜等人响亮地呐喊道："在这全民族对日抗战时期，前方将士的英勇奋战，自然奠定了最后胜利之基；但后方的救亡工作，也是不容忽视的。我们这班从事于文化学术工作的人，鉴于敌人到处破坏我们的文化机关，不容我们不负起加紧推进文化学术工作的责任。"所以以方国瑜为首的同人们"都是特别有兴趣于西南边疆问题的同志，因竭所知，发行这个《西南边疆》月刊"，旨在"在以学术研究的立场，把西南边疆的一切介绍于国人，期于抗战建构政策的推行上有所贡献"，以刊登学术研究成果的方式，向世人介绍西南边疆。

这与熊庆来对国立云南大学的认知和定位有密切关系。他认为国立云南大学作为省治内的国立大学，要“树立纯粹学术基础，提高地方文化水准，故为其应有的使命；而训练实际人才适应地方需要，尤为当前的急务。云南大学新近虽由省立改为国立，而其办学方针，仍应密切配合地方环境”。云南大学如以服务地方社会为理想，可有两种益处，其中一种就是针对大学与社会的关系言，“大学有了区域的概念，则大学教育就可以真正有效地适应地方需要。地方需要的中心在哪里，大学实施的重心即寄托在哪里”。

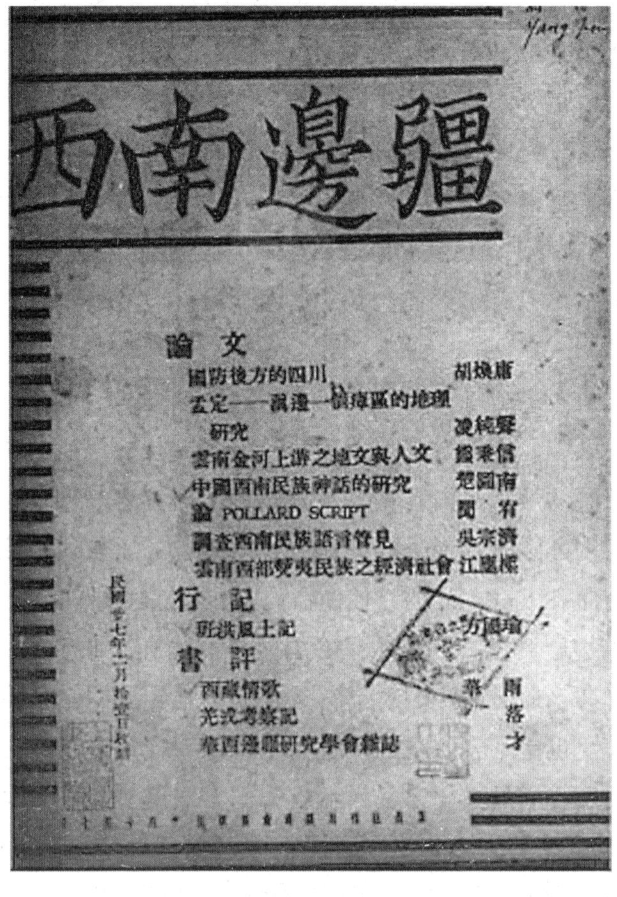

1938 年《西南边疆》杂志创刊号的封面

除了有《西南边疆》这样的学术阵地宣传学人的学术思想之外，还需要有实际的学术机构，进行更进一步的学术研究，所以西南文化研究室应运而生。

西南文化研究室的诞生

抗战时期，地处西南边疆城市昆明的云南大学，在滇省学人建设桑梓的关怀之下，时人南迁后的就职之中，得到了发展。而学人之间的交往、情谊，也促成了云南大学学术机构的诞生、学术的发展和繁荣。对于1937年熊庆来执掌云南大学，与在校任教两年的方国瑜之间的往来深厚的交谊，李埏回忆道："在尔后迪之先生长校的十余年间，他对国瑜先生始终极为倚重，而国瑜先生也对他竭力襄助。他们的交谊是云大校史上的一段佳话。"①

二人相识于20世纪20年代初，当时方国瑜在北京师范大学读书，熊庆来自南京往西北大学任教，在北京停留之际，旅京学人举行欢迎会。因方国瑜是熊庆来留法同学李汝哲的同乡，二人便交谈开来。方国瑜回忆，熊庆来"为留法学友李汝哲赴巴黎修墓，并撰《墓志铭》，在北京刻于铜牌，以备嵌入墓碑，这是其中感人肺腑的一事"②。20世纪30年代初，熊庆来任教于清华大学时，二人的交往便多起来。当时方国瑜参与编辑《云南旅平学会会刊》，熊庆来请其将《李君墓志铭》载于其上。他们之间的往来交谊让熊庆来给方国瑜留下了"心胸开阔，为人难得"的深刻印象。

熊庆来和方国瑜之间的情谊在当时的旁观者——在北平读书的李埏、牛光泽等人看来，这更像是学者之间的惺惺相惜。牛光泽对李埏说："我们云南也是有人才的。在北平就有两位知名学者，一位是理科的熊庆来先生，一位是文科的方国瑜先生。"③

熊庆来在20岁那年，即1913年考取公费留学生，赴比利时学习矿业，

① 李埏：《熊迪之先生轶事》，载《不自小斋文存》，云南人民出版社2001年版，第719页。

② 傅于尧：《学问道德　风范永存——记方国瑜对熊庆来的深切怀念》，《思想战线》1993年第2期。

③ 李埏：《教泽长存　哀思无尽——悼念方国瑜先生》，载李埏著《不自小斋文存》，云南人民出版社，2001年版，第723页。

因欧战爆发，1914 年转往法国巴黎，后因矿业学校关门，改学数理，1921 年获蒙柏里大学理科硕士学位后回国，先后在东南大学、清华大学任教。1931 年赴法，在庞加烈研究所研究函数论。1932 年以《关于无穷级的整函数及亚纯函数》论文，获法国国家理科博士学位，其无穷级整函数的研究结果，比德国数学家布鲁莽达尔的研究还精确，可与波莱尔关于有穷级整函数的研究相媲美。翌年回国，继续在清华大学任教。同年，他在一篇论文中指出亚纯函数无穷级概念可推广于代数体函数，在中国的数学界开始有了一定的名气。而方国瑜在北平学习期间，不仅跟随国学大家钱玄同学习音韵学，在其指导的“广韵声汇”的基础上写成《广韵声读表》，又考订唐写本、五代刻本，并与王国维先生进行学术商榷，编成《隋唐声韵考》。从 1929 年 12 月到 1930 年 3 月陆续在《益世报》的“国学周刊”栏目发表《释经》，在《云南旅平学会会刊》《北师大国学丛刊》等刊物发表《兰廷秀〈韵略易通〉跋》等与所学国学相关的文章。此外，他还格外关注桑梓的史地问题。在 1935 年 3 月经过实地考察写作并发表《滇缅边界的菖蒲桶》，同年还写就《葫芦王地之今昔》《滇缅南段未定界之孟仑》《条约上滇缅南段未定界之地名》等。不仅牛光泽知其二位的学术成就，远在云南的袁嘉穀、周钟岳等人也认为方国瑜是后起之秀。

这是熊庆来和方国瑜为人所熟知的学术成就，而两人在云大的学术建设中也起到了举足轻重的作用，其一便是同心协力设立西南文化研究室。

随着大批学人来到西南边疆，省内外研究旨趣各异的学人聚集昆明，人才济济的昆明成为学术发展的一方沃土。在社会对西南边疆研究的关注之下，大批学术机构、高校迁入云南，国立云南大学熊庆来等人立足西南边疆和学界对西南边疆研究的关注，制订具有西南边疆区位优势的研究计划。

学术方面，除方国瑜等人在 1938 年 10 月创刊《西南边疆》并按期出刊外，云南大学 1940 年校务行政计划中，还规划文史系按照教育部令成立“史地学会”。首先从搜集地志入手，调查边省情形，最后基于调查做系统研究。[1]

---

① 云南省档案馆藏档《国立云南大学二十九年度校务行政计划进度表（节录）》。

1941 年 3 月，在熊庆来的支持和组织下，修改为拟设置“西南史地研究室”，在这月的 31 日组织成立“西南史地研究室筹备委员会”，熊庆来发函聘请方国瑜为筹备会主要负责人，楚图南、王以忠、向达、陶云逵、白寿彝、陈定民为筹备委员。

正当筹备计划进行时，4 月 1 日国民党中央组织部制订了新的议案《设置边疆语文系与西北西南文化研究所培植筹边人才而利边政施行案》，具体由国民政府指定中央研究院设置西北、西南文化研究所。西南文化研究所分为西南边区与越南、泰国、缅甸、印度、南洋等组，研究对象包括语言、文化、地理、经济，研究旨在资政——为有关党政及教育机关提供参考。

4 月 30 日熊庆来发聘书聘方国瑜兼任西南文化研究室主任，研究室的名称由最初的“西南史地研究室”改为“西南文化研究室”，这一改名是因为“中央党部，曾有筹设西南文化研究所之议”。并且在设置旨趣中明确设立研究室“期有良好之成绩，贡献国家，待将来基础较固，改组为研究所”，可见该研究室的设置与当局政令有密切关系，是学人以学术救国的理想和抱负的体现。

名称确定以后，相关人员立马进行筹备工作。1941 年 9 月熊庆来致函聘请方国瑜为西南文化研究室筹备主任，楚图南、费孝通为筹备员。此时明确是“本校文史系筹设西南文化研究室”，这是西南文化研究室最终得以确定名称、研究对象和旨趣的终章。

经过熊庆来申请经费、方国瑜组织成员等过程，1942 年 7 月，西南文化研究室最终成立。从 1940 年校务计划筹设“史地学会”到 1941 年改为“西南史地研究室”，到最终确定为“西南文化研究室”，这一研究西南边疆史地的学术机构不断调整名称和更改人员聘请的计划，不仅是社会发展的需要，更是国家对西南边疆的重视，以及云南的边疆民族问题与国防安全的需要。

西南文化研究室这一学术机构的诞生，是在云南大学同人、官方政策、时代需要、学人济济一堂等多重因素综合作用之下实现的。熊庆来对设立文化研究室的推动，方国瑜先生晚年追忆道：“熊先生为了提高教学质量及其学术研究水平，积极支持云南大学成立西南文化研究室。”① 而西南文化研究室的诞生也受到国民政府的边疆史地政策影响，西南文化研究室力主研究西南文化历史和关注时代的使命，时刻关注国民政府对西南国防的政策和指导思想。

关于西南文化研究室的设置初衷，1948 年云南大学在提交国民政府教育部的呈文中，结合学术发展、现实抗战需要，进行了系统的总结。

> 窃查我国西南史地，前人研究成绩率多肤浅，且见解不正确，而研究国史者，又多疏忽。本校文史系同人有鉴于此，乃于二十九年冬，组织西南文化研究会，搜集材料，逐谋加以整理。时值抗战军兴，西南为抗战建国基地，留心其史地者日众。中央党部，曾有筹设西南文化研究所之议。为加强研究工作起见，乃由本校聘请专家，于民国三十一年七月，改组该会为西南文化研究室。②

这是云南大学官方对西南文化研究室的定位，既奠定了对西南史地文化研究的资料基础，又具有强烈的现实关怀，结合中央的政令，西南文化研究室应运而生。

机构的运营、管理需要经济基础，而 20 世纪 40 年代的云南，战火纷飞，昆明时常遭受日军飞机轰炸，生产凋敝。如何能使计划中的西南文化研究室成功设立并平稳运行，这是一个难题。1941 年 9 月熊庆来校长致函兴文银行行长张质斋，期望能够筹措经费，以便顺利开展工作，“所拟预算系十一万元，倘能筹足，工作推动自较便利，否则能得补助三五万元，亦可从事梳理基础，先做每部分之研究”③。然而没有后续，因为当时云南

---

① 傅于尧：《学问道德　风范永存——记方国瑜对熊庆来的深切怀念》，《思想战线》1993 年第 2 期。

② 《张福延向教育部呈报西南文化研究室工作概况》（1948 年 5 月 15 日），载刘兴育主编：《云南大学史料丛书 · 学术卷　1923 年—1949 年》，云南大学出版社 2010 年版，第 15 页。

③ 《云南大学请补助西南文化研究室及补助设置讲座计划事给陆子安厅长的函》（1942 年 2 月 21 日），云南省档案馆藏。

地方社会经济困难是一种常态。

在苏州的李根源也时刻关注桑梓学术建设和国民党中央设置边疆文化研究所的决议，1941 年 10 月直接呈文国民党中央，申请拨款在昆明设立西南边疆文化研究机关。他从云南的地缘优势，地接缅甸、越南、泰国，以及中国与印度、锡兰（今斯里兰卡）等国的外交关系，明确云南是西南门户，进而剖析设置研究机关的重要性。但最终未获得中央研究院的肯定答复，而是获得“因中央所设置的研究机构不局限于西南边疆文化，地点选在四川雅安最为恰当”的回复。可见国民政府并没有将昆明视为研究中心。因国民政府并没有将西南文化研究室设立在昆明的打算，该室经费问题仍旧没有解决。

一心为云南大学谋发展的熊庆来校长并没有放弃。1942 年 2 月熊校长致函时任云南省财政厅厅长，兼兴文、劝业银行行长的陆崇仁，言及具体的人才计划，成立西南文化研究室后，“敦请校内外之著名学者对于西南之语文、史地、社会、经济等问题作有计划之研究”，目的在于发扬西南文化，因此申请 15 万元作为经费。这年的钱款终于有了着落，由兴文银行和劝业银行共同拨款 20 万元。4 月熊校长多次致函两行，间接催拨款项，终于在 7 月获得拨款。也就是在该年的 6 月，云南大学最终发函聘请方国瑜、姜亮夫、徐嘉瑞、陶云逵、费孝通、楚图南、方树梅、白寿彝为西南文化研究室成员，聘请时间是 1942 年 6 月到 1943 年 7 月，可以看出是一年一聘，这是云南大学熊校长秉持的聘任传统，以学术和品格为标准。随着经费等措、人员组织都稳步推进，这一机构逐渐步入运行的正轨。

云南大学基金保管委员会会长陆崇仁

关于设置机构的经费来源一事，当时的《云南日报》中还有专门报道。1942 年 7 月 28 日的报道中专门写道：“由兴文劝业两行，于本年度拨款二十万元，补助云南大学……其他十万元则用以设一西南文化研究室……大部分经费将用于西南文献之搜集及刊物之印行。”通过当时的舆论制造和宣传媒介报刊的报道，这一重要的云南史地研究机构得到宣传。

同年12月成都金陵大学出版的《边疆研究通讯》中报道："云大筹设西南文化研究室，已正式成立，已与东方语文学校合作，拟今年印专刊十种。"可以看出，新成立的西南文化研究室有一定的社会影响。

历史·民族：西南文化研究室的边疆研究旨趣

1942年7月西南文化研究室正式诞生。作为一个学术研究机构，熊庆来在1942年呈文兴文、劝业银行时就制定研究计划，编写设立旨趣①，这一旨趣在1944年向兴文银行、劝业银行呈报的该室近况②，以及在1948年呈送教育部的计划书③中具有不同程度的调整，其学术内容随现实需要有所变化。

其设置旨趣如下：

> 近岁通用"西南"二字，盖以《史记》《汉书》"西南夷列传"所载之境域为范围，即今云南全省、贵州、西康二省之大部分及其四周之地。在此区域，自汉武帝开边，设置郡县，迄东晋，治理渐弛，以至唐天宝后，虽未绝朝贡，已形成割据。元初始设行省，明代广卫所，大量移民，渐进而至今日，与他省不殊。然在元代以前，因政治与地理关系，史家纪录视若异域。而吾所知西南文化，自远古以中国文化为主体，绝非独立之文化。先民开拓西南之史迹，足为今日及将来之资鉴，且应为中国文化之一部。惟记载疏略而多不实，犹待研究作有系统之叙述也。又西南境内多山，古初居民盖稀，四方民族渐移殖之，而交通多阻，虽多受汉文化之陶融，犹各保持其一部分之固有习尚。故至今号称民族庞杂，合众民族文化于一炉，为当务之急，然非了解其各固有之习尚与所处之环境不为功，有待于精密考察也。又滇

① 《云南大学请补助西南文化研究室及补助设置讲座计划事给陆子安厅长的函》（1942年2月1日），云南省档案馆。

② 《云南大学西南文化研究室概况》，云南省档案馆。

③ 《云南大学关于西南文化研究室计划书》（1948年1月1日），云南省档案馆。

之西南区土壤肥沃，资源极富，而地广人稀，资源未开，且地连缅、越，与印度、暹罗[1]、马来半岛诸境亦相通。不论民族、宗教、经济诸端，莫不息息相关。当集养人民，开发地利，进而求边外诸境之融合，与我协力，必大有助于我。然非顷刻□[2]可办，将如何措施，必须实地研究也。故西南文化研究具此三特点。识者以为要图。而其任巨艰，须统筹计议，通力合作，必有研究机关之设置。迩者中央党部八中全会有筹设西南文化研究室之议决，当即为此（1944 年版、1948 年版均无“迩者中央党部……当即为此”）。云南大学以区域与人事关系，负有研究西南文化之使命。数年以来，校内同人，组织西南文化研究会，努力于此。惟感设备、调查之未周，有组织为研究室之必要，更期良好之成绩，贡献于国家，待将来基础较固，改组为研究所。惟文化之范围至广，而工（1948 年版作“功”）作宜求切实。故初步计划暂以历史与边区（1944 年版、1948 年版“边区”作“边疆”）研究二者为主，待将来推广及一般文化。要之，西南文化之研究，虽不能视为特殊事业，而艰苦过于他省之研究工作，必待竭多数人之才智，长期努力，始能有成。将以此为起点，而俟诸异日也。

我们可以据 1942 年版、1944 年版和 1948 年版的“设置旨趣”进行分析，后两次形成文本的过程中，都对部分内容进行修改，关于学术定位的表达更为精准。尤其是 1944 年开始将“初步计划暂以历史与边区研究二者为主”修正为“初步计划暂以历史与边疆研究二者为主”，因为在同年边疆研究已形成热潮。

同时可以看出西南文化研究室以西南地区为研究中心，研究历史文化、现实的民族社会问题。西南地区是中国整体的一部分，西南文化是中国文化的一部分，研究室同人从西南地区的历史与文化、区位优势、自然资源与民族问题三个历史与现实因素综合考虑，肩负起研究西南的学术

① 今泰国。

② 因辨识不清等原因缺失，后同。

使命。

在政府开发边疆、注重边疆教育的政策，外来学人注入新的学术活力，以及云南大学为自身发展需要的影响下，西南文化研究室的设置旨趣日渐成为现实。研究的空间包括云南全省、贵州和西康的大部分地区，时间涉及从古至今的历史演变情况，同时考察区域内的民族、社会、自然地理，延伸到边境地区与其他国家的往来，进而拓展到国别研究，这一研究取向与其私立东陆大学成立之初的研究旨趣相一致。隶属于云南大学的西南文化研究室，在当时已经具备现实关怀和宏观的学术视野。

西南文化研究室的具体章程，详细规定研究内容、组织机构等事项如下：

第一条：本室为国立云南大学（以下简称本大学）所设立，定名为国立云南大学西南文化研究室，以研究西南文物为宗旨。

第二条：本室设主任一人，由本大学校长（以下简称校长）就本大学教授中聘请兼任之。商承校长办理本室一切研究事宜。

第三条：本室设研究员若干人（1948 年版作“三至七人”），由校长就本大学教授、讲师中聘请兼任之。遇必要时得聘请专任研究员（1944 年版此处还有“编辑员”三字，1948 年版作“编辑员”）。

第四条：本室得在校外聘请名誉指导员（1944 年版此处还有“赞助员”三字）。

第五条：本室得在校外聘请名誉研究员（1944 年版此处还有“名誉编辑员”五字）及特约编辑员。

第六条：本室得就事实需要酌设助理研究（1944 年版无“研究”二字）员、事务员及书记（1948 年版作“事务员、书记及工友若干人”）。

第七条：本室为造就研究西南文化之人才起见，得设研究生，暂由本大学毕业生与在校生中考选之，研究期限定为二年至四年，期满得由校发给研究证书。

第八条：本室事务，由主任召集专任研究员开会议决后执行之。

第九条： 本室为研究便利，暂设左列二组[①]由研究员及助理员分别担任之（1944 年版、1948 年版均作“本室为研究便利，由研究员、编辑员及助理员分别担任专题之研究”）。

（一）历史组研究西南文化发展史及相关诸问题

（二）民族组研究西南民族生活及相关诸问题

第十条： 本室为研究工作之需要，设图书、博物、调查、出版各股，就本室人员分配担任之。

第十一条： 本室于研究工作以外之一切事务，概由本大学有关各组兼理之。各项办事细则及研究生服务规则，另定之。

第十二条： 本室之研究工作，得就事实上之需要，与其他研究机关合作。

第十三条： 本章程自呈奉教育部核准之日施行。

第十四条： 本章程遇有未尽之处得随时修改，呈请教育部批准施行。

该室研究人员主要分为历史组研究员和民族组研究员，但作为一个研究机构，具体在室职员并不多。主任是常设职位，由本校教授兼任；从事研究的专业人员——研究员，也由省内外机构的人员兼任，亦可根据实际情况设置助理员研究员、事务员和书记。此外名誉性质的研究员、编辑员，可在校外聘请。这是 1942 年最初设立的人员组织情况。

我们发现，从 1944 年开始该室同人根据实际需要进行调整。1944 年的呈文的第三条、第五条，1944 年、1948 年的呈文中都分别增加了“编辑员”和“名誉编辑员”。这可能是因为出版学术成果——书籍、报刊，是该室分享成果和开展学术工作的重要部分。

此外，在 1944 年还在第四条新增“本室得在校外聘请赞助员”。“赞助员”是该室在经济困难、多次申请经费遭遇重重困难之下修订的。

综上，该室的人员并不是专职专事，而是身兼数职。1944 年以后随着

① 原文为竖排，左列二组即历史组和民族组。

调查、搜集资料后整理出版的需要，对“编辑员”的需求较大，研究员、编辑员和助理员都需要分别担任专题研究，这可能是由于包括主任方国瑜在内的各研究员多是兼职。

据 1942 年西南文化研究室具体研究人员职别情况，文化研究室的实际专职人员较少，校内很多教职员都在文化研究室兼职。如下表：

民国三十一年（1942 年）国立云南大学西南文化研究室成立初期人员简表

姓　名	职　别
方国瑜	教授兼西南文化研究室主任
方树梅	教授兼西南文化研究室主任
陶秋英	讲师兼西南研究室编辑
缪鸾和	助教兼研究室助理
张靖华	西南文化研究室编辑员

如上表所示，在 1942 年成立初期，该室人员以云南大学教职人员兼职为主，不同研究专长的教职员共同为研究西南边疆而努力，仅有张靖华是专职编辑员。

对于西南文化研究室的人员组织较为全面详细的介绍是 1944 年熊校长呈请兴文银行和劝业银行拨发经费时的呈文：主任是方国瑜，研究员是姜亮夫、徐梦麟、楚图南、陈定民、陶云逵、费孝通、白寿彝、方树梅八人，另有兼职编辑员陶秋英和张靖华二人、助理研究员李俊昌和缪鸾和二人。此外聘请顾颉刚、胡小石、吴文藻、徐旭生、汪懋祖、向达、闻宥、罗常培、张印堂、陈碧笙、凌纯声、徐益棠、游国恩、王文萱十四名名誉研究员，陈一得、李永清、夏光南、胡羽高、杨万选、岑家梧、张凤岐、江应樑、俞德浚九名特约研究员，李拂一、于乃义、张希鲁、李家瑞、彭桂萼、赵继曾和熊庆来七名特约编辑员。

人员构成虽一直都有变化，但正是这群先生们在各自研究领域的专长合力为西南文化研究室的发展发挥着作用，这些先生们的研究方向和他们之间往来交游也是当时西南文化研究室得以发展的学术动力。

西南文化研究室的那些先生们

学术机构的成员组成尤为重要。从上文可见，该室的人员以云南大学教授、讲师为主，以在校外聘请名誉或特约研究人员为辅。这是源于20世纪30年代末大批学人南迁到西南地区，提供了人才机会，云南大学抓住了这一发展自身教学的重要契机。同时该室由熊庆来校长直接聘任的主任一职至关重要，负责本室的一切研究事宜，并召集专任研究员开会决议执行，而此职位是由致力于研究云南史地且具有一定研究成果的就职于云南大学的方国瑜兼任。

从1942年5月校长熊庆来呈送给兴文、劝业两银行的《国立云南大学西南文化研究室计划书》和1944年3月熊庆来再次呈请两行的《国立云南大学西南文化研究室概况》，以及1948年云南大学呈送教育部的《国立云南大学西南文化研究室计划书》中，我们可以看到整个文化研究室的人员组织的变化。

我们拟以表格罗列1942年6月到1953年10月西南文化研究室的人员变化情况。

1942年6月—1953年10月西南文化研究室人员情况简表

时间	人员	备注
1942年6月3日	姜亮夫、徐嘉瑞、陶云逵、费孝通、楚图南、方树梅、白寿彝、方国瑜为研究人员	云大发函聘请
1942年7月28日	聘方国瑜教授主持，并聘校中姜亮夫、陶云逵、费孝通、楚图南、方树梅、徐梦麟为研究员	《云南日报》报道
1942年8月14日	拟聘姜亮夫、徐嘉瑞、楚图南、陶云逵、陈定民、白寿彝为研究员	方国瑜致函熊庆来

续 表

时间	人员	备注
1942 年 12 月 14 日	名誉研究员：顾颉刚、胡小石、徐旭生、向达、闻宥、罗常培、张印堂、陈碧笙、凌纯声、徐益棠、王文萱、白寿彝、汪懋祖、游国恩、邓永龄 名誉编辑员：俞德浚、李永清、陈一得、夏光南 特约编辑员：张凤岐、于乃义、张希鲁、赵继曾、李拂一、彭桂萼、李家瑞、杨万选、胡羽高、岑家梧、李希泌、江应樑、李田意	方国瑜拟《西南文化研究室名誉职位聘请名单》，12 月 31 日云南大学发出聘函
1943 年 8 月 14 日	姜亮夫、徐嘉瑞、楚图南、陶云逵、陈定民、白寿彝为西南文化研究室研究员	方国瑜致函熊庆来，8 月 24 日发出聘函
1944 年 3 月 18 日	主任：方国瑜 研究员：姜亮夫、徐嘉瑞、楚图南、陈定民、陶云逵、费孝通、白寿彝、方树梅 编辑员：陶秋英，张靖华 助理研究员：李俊昌、缪鸾和 名誉研究员：顾颉刚、胡小石、吴文藻、徐旭生、汪懋祖、向达、闻宥、罗常培、张印堂、陈碧笙、凌纯声、徐益棠、游国恩、王文萱 特约研究员：陈一得、李永清、夏嗣尧、胡羽高、杨万选、岑家梧、张凤岐、江应樑、俞德浚 特约编辑员：李拂一、于乃义、张希鲁、李家瑞、彭桂萼、赵继曾、熊庆来	熊庆来函请兴文银行、劝业银行补助西南文化研究室
1947 年 5 月 10 日	负责人：方国瑜 研究员：姜亮夫、徐嘉瑞、楚图南、陈定民、费孝通、方树梅、白寿彝、陶云逵	《云南省研究机关概况表》（西南文化研究室）

由上表可以看到，方国瑜为主任，主要负责西南文化研究室的研究和管理工作，其工作职位一直没有变化。而各研究员、编辑员历年有些微小的调整，正如熊庆来曾说“西南文化研究室组织有研究员多人，均该校教授兼职；名誉研究员多人，为国内专家。此外，有编辑员、特约编辑员各若干人”。这些人大多是聚集昆明的大家学者和省外的研究学者。

陶云逵、楚图南、闻宥、白寿彝、张印堂、凌纯声、徐益棠、岑家梧、张凤岐、江应樑、彭桂萼、李希泌、赵继曾等是《西南边疆》的撰稿者；方树梅、于乃义、张希鲁、夏光南、方国瑜又是当时云南通志馆方志编纂工作的参与者；方国瑜、顾颉刚、胡小石、闻宥、楚图南、费孝通、白寿彝、陶云逵、江应樑、向达、邓永龄、吴文藻、徐嘉瑞、姜亮夫、俞德浚、陈定民、陶秋英、缪鸾和、张靖华、李俊昌等人曾在云大就职或从事研究；罗常培、徐旭生、张印堂、游国恩、汪懋祖、王文萱、陈碧笙、陈一得、李永清、夏光南、李拂一、杨万选、胡羽高、李家瑞、李田意、张希鲁、张凤岐、于乃义、李希泌、彭桂萼、赵继曾、岑家梧等来自其他学校或科研机构。

根据 1942 年方国瑜拟定的西南文化研究室的聘请人员名单，除了聘请校中姜亮夫、陶云逵、费孝通、楚图南、方树梅、徐梦麟为研究员外，其他人员情况如下：

西南文化研究室聘请人员名单（部分）

名誉研究员	
姓　名	**通讯地点**
顾颉刚	重庆中央大学文学院
徐旭生	昆明北平研究院史学研究所
胡小石	重庆白沙女子师范学院
张印堂	昆明西南联合大学地理系
罗常培	昆明西南联合大学文学系
游国恩	昆明西南联合大学文学系
向　达	甘肃敦煌中央博物馆工作站

续 表

名誉研究员	
姓　名	通讯地点
闻　宥	成都华西大学研究所
凌纯声	四川南溪李庄中央研究院史语所
徐益棠	成都金陵大学文学院
汪懋祖	大理国立师范学校
王文萱	呈贡东方语文专科学校
邓永龄	四川北碚金刚碑金刚草堂勉仁书院
陈碧笙	昆明滇缅铁路督办公署秘书处
白寿彝	四川南溪李庄中央研究院
名誉编辑员	
姓　名	通讯地点
陈一得	昆明钱局街一得测候所
李永清	昆明教育厅
夏光南	昆明云南经济委员会
俞德浚	昆明黑龙潭农林植物研究所
特约编辑员	
姓　名	通讯地点
岑家梧	四川璧山国立艺术专科学校
李拂一	车里县政府教育科
杨万选	贵阳慈善巷贵州文献征集馆
胡羽高	贵阳慈善巷贵州文献征集馆
李家瑞	大理省立中学
江应樑	呈贡东方语文专科学校
李田意	重庆中央大学英语系
张希鲁	昭通省立中学
张凤岐	大理云贵监察使署
于乃义	昆明翠湖昆华图书馆

续　表

特约编辑员	
姓　名	通讯地点
李希泌	大理云贵监察使署
彭桂萼	缅宁简易师范学校
赵继曾	大理县立中学

从上表可以看到，1942 年成立西南文化研究室时，方国瑜等人已经做好“网罗”省内外各高校、研究机构中研究方向相契合的学人的人员安排。当时学人已经聚集在西南地区，因此聘请的省外学人主要来自贵州、四川等。可见该室同人对学术界的熟悉和把握，做足了充分的准备工作。

首先是研究室“元老级”人物，即最开始聘为研究员的方国瑜、姜亮夫、徐梦麟、陶云逵、费孝通、楚图南、白寿彝、方树梅，还有陈定民等。

主任方国瑜，国立北平师范大学文学学士，毕业于国立北京大学研究所国学门；北平师范大学研究所纂辑员，云南通志馆编辑员、云南省教育厅征集文献专员。1936 年任省立云南大学文史系教授，在校教授“国文”“目录学”“校勘学”“声韵学”“云南文化史”等科目。同时他致力于研究云南史地之学，是此职位的不二人选。

徐嘉瑞（1895—1977），号梦麟，云南大理人，先后考入工矿学堂、省立师范学院，因经济原因，以肄业告终。此后“以群书为吾师，凭自学而成才”的勤奋钻研精神，广博群书，自学日语和英语。1923 年后，先后任昆明成德中学、云南省立第一中学、省立女子中学教员，昆明《民众日报》社长兼编辑等职。曾在国立暨南大学、私立中国公学、复旦大学教授课程。1936 年到省立云南大学，1939 年是文史系副教授，教授“中国文学史”等课程，研究云南民间文学。1943 年是文史系主任兼教授。1924 年出版《中国文学概论》，1933 年出版诗集《无

徐嘉瑞

声的炸弹》，1936 年出版《近古文学概论》。

姜亮夫

姜亮夫（1902—1995），原名寅清，字亮夫，以字行，云南昭通人。先后毕业于北京师范大学、清华大学研究院，师从王国维、梁启超、陈寅恪、赵元任诸先生。后由李根源介绍为章太炎入室弟子。在南通、无锡教过中学，后到上海，在大夏、暨南、复旦等校任职，同时在北新书局任编辑。1933 年出版《中国音韵学》。1935 年至 1937 年赴法留学，初学考古学，后与王重民、向达等人挽救流散于法国巴黎、英国伦敦诸地的敦煌经卷，以收集敦煌文献为主业。1942 年 2 月任云南大学文法学院院长。

姜亮夫在清华大学受教于王国维、陈寅恪等大家。他在自传中写到，王国维讲课非常细致，在讲《说文》时，用甲骨文、三体石经和隶书进行单个汉字的比较。陈寅恪在讲授《金刚经》时，用了近十种语言进行翻译。这种融通的学术研究方法，在资料搜集不方便的时代，尤为值得钦佩。

姜亮夫与夫人陶秋英的结婚照（摄于 1938 年 8 月 28 日）

楚图南（1899—1994），原名楚方鹏，云南文山人，国立北平大学师范毕业，曾在云南、山东各地任高中教员，在吉林任中学教员，国立暨南大学教授，1938 年 2 月到校，教授《史记》、历代文选、文学概论和国文，1939 年是云南大学文史系的副教授。1938 年至 1940 年连续在《西南边疆》上发表系列《中国西南民族神话的研究》，1941 年发表《跋大理三灵庙碑记》。

1919 年考入北京高等师范学校时期和年迈时期的楚图南，及其书法

楚图南擅长外文翻译，1936 年翻译出版俄国作家涅克拉索夫的《在俄罗斯谁能快乐而自由》，1940 年翻译英国迪金森等的《地理学发达史》，1947 年翻译尼采的《查拉斯图拉如是说》，1949 年翻译惠特曼的《草叶集》。其书法也为时所人称赞。

陶云逵（1904—1944），江苏武进人，1924 年考入南开大学，1927 年赴德留学，先后学习人类学、民族学等课程，获得博士学位。归国后任职于南京中央研究室历史语言研究所，先后赴云南丽江、维西、中甸（香格里拉），以及滇缅、滇越边境调查少数民族。1936 年以后在《西南边疆》《旅行杂志》《边疆人文》《边政公论》等刊物上陆续发表《俅江纪程》《云南怒山上的傈僳人》《车里摆夷情书汉译》《云南摆夷族在历史上及现代与政府之关系》等文章。抗战期间先后任云南大学社会学系主任、西南联合大学教授。

陶云逵

费孝通（1910—2005），笔名费北，江苏吴江人。1933 年毕业于燕京大学社会学系，获文学学士学位，1935 年毕业于清华大学研究院。1938 年

获伦敦政治学院哲学博士学位。1938 年回国任云南大学社会学系助理教授，参加吴文藻的工作站，到禄丰、易门、玉溪等地进行调查。1941 年任社会学系教授，教授经济社会学，兼任西南联合大学教授，也是受中英庚款董事会资助到云南大学从事研究工作的人员之一，担任云南省农村社会经济调查处主任。

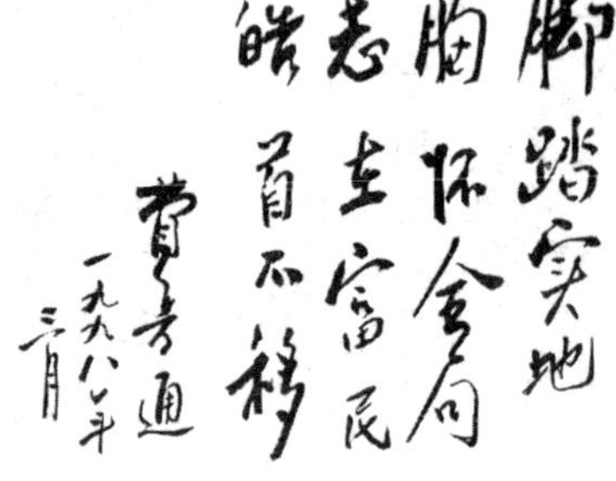

费孝通及其题字

白寿彝（1909—2000），河南开封人，1929 年考入燕京大学国学院研究所，读中国哲学史。先后任禹贡学会、国立北平研究院历史研究所编辑。抗战期间被国立云南大学聘为教授，1939 年教授“中国上古史”“对外交通史”和“中国史学史”等课程，对西南边疆各地进行实地调查和研究。先后出版《中国交通史》（1937 年，商务印书馆），《中国伊斯兰教史纲要》（1946 年，上海文通书局）。

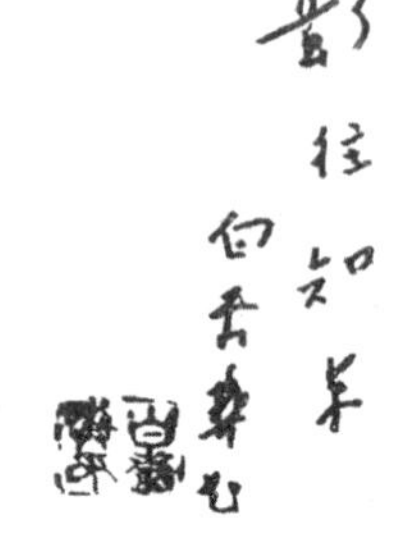

1938 年摄于桂林成达师范学校（前排中为白寿彝），1997 年 12 月 23 日摄于北京师范大学寓所，及其题词

方树梅（1881—1967），字臞仙，号雪禅，云南晋宁人。1905 年考入昆明高等学堂，翌年学堂改办优级师范。除攻读经史外，又学习图书、外语等科目。青年时受到赵藩、陈荣昌、袁嘉穀、李坤等影响，立志“阐扬吾滇文献”，专门搜访云南历代贤哲著作，有名为“雪山楼”的藏书楼。1910 年后先后任晋宁教育研究会会长、《云南日报》编辑、昆明师范学校学监兼国文修身教员、云南丛书处编校员、女中第八班国文教员、图书馆庶务长兼丛书处文牍、女中十二班国文教授、云南通志馆干事等职。1926 年编辑《滇南书画录》，1930 年编辑出版《滇南茶花小志》等书，辑录云南地方文献以“雪山楼丛书”存之。

臞仙六十八岁肖像

陈定民（1910—1985），生于浙江宁波，原籍绍兴。曾就读于北平中法大学，1934 年成为中法大学公费赴法留学生，从巴黎大学语音学院毕业，1938 年获博士学位，1939 年 9 月到云大，时为云大副教授，在文史系教授“语音学原理”，在文法学院、理学院和医学院讲授法文。商务印书馆出版其著述《法语语音学》。

陈定民在商务印书馆出版的《法语语音学》

可见，姜亮夫、楚图南、徐嘉瑞以文学研究见长，姜亮夫对古代文化中的楚辞、音韵学颇有研究，陶云逵和费孝通是民族学、人类学研究的学者，方树梅是云南地方文献大家，陈定民教授“语音学”，擅长法语。以上诸人，除方树梅是云南通志馆的人员外，其余都是云南大学本校的教职员。

其次，谈及名誉研究员群体，分别是顾颉刚、胡小石、徐旭生、向达、闻宥、罗常培、张印堂、陈碧笙、凌纯声、徐益棠、王文萱、汪懋祖、游国恩，还有邓永龄和白寿彝，1944 年 3 月的名单中还有吴文藻。

胡小石（1888—1962），原籍浙江嘉兴，生于南京，名光炜，字小石，号倩尹，又号夏庐，晚年别号子夏、沙公。清末毕业于两江师范学堂。曾在北京女高师、武昌高师、西北大学、东南大学、中央大学、金陵大学、白沙大学等校任教。1939 年到 1940 年任云南大学文法学院院长，1940 年兼任文史系主任，教授杜诗和楚辞。

顾颉刚（1893—1980），原名诵坤，字铭坚，江苏苏州人。1920 年毕业于北京大学文科中国哲学门，留校在图书馆工作。1921 年任北大研究所国学门助教。1926 年编辑出版《古史辨》。1927 年至 1937 年先后在中山大学、燕京大学、北京大学等校任教。1934 年与谭其骧创办《禹贡》半月刊，1936 年兼任燕京大学边疆问题研究会理事。抗战全面爆发后到昆明，当时是云南大学文史系教授。

顾颉刚

向达（1900—1966），字觉明，亦作觉民，湖南人。毕业于南高—东大（南京高等师范学校和东南大学的合称），先后任上海商务印书馆编译所编译员、北平图书馆编辑。在北平图书馆期间，赴英国牛津大学图书馆整理中文图书，研究中国古文书及敦煌卷，曾在甘肃敦煌中央博物馆工作站工作。1939 年秋到昆明任北京大学文科研究所专任导师，兼西南联大历史系教授。1941 年 3 月熊庆来致函西南联大聘其为云南大学文史系兼任教授。

闻宥（1901—1985），字在宥，江苏松江人。曾在国立中山大学、山东大学、四川私立大学和燕京大学文学院教授十余年，1936 年在《图书季刊》发表《读〈爨文丛刻〉兼论猡文之起源》一文，对丁文江辑成的《爨文丛刻》甲编一书进行评论。1938 年 2 月到云大，在校讲授“中国文字学”“语言学”，在西南联合大学教授“印度支那语比较研究”，1939 年进行“爨文之分析”和“民家语之研究”两项研究，兼任文史系系主任。

向　达

闻　宥

徐旭生（1888—1976），原名炳昶，河南人，1906 年在京师译学馆学习法语，1913 年在法国巴黎大学学习哲学。1937 年到云南任中法大学文学院院长。

徐旭生与他的《中国古史的传说时代》

徐益棠（1896—1953），浙江桐乡人，1925年毕业于国立东南大学教育系，1933年毕业于巴黎大学民族学院，师从马塞尔·莫斯，和凌纯声是师兄弟。归国后就职于东南大学、金陵大学中国文化研究所。1937年出版《非常时期之云南边疆》，1941年编辑《边疆研究论丛》。

罗常培（1899—1958），字莘田，号恬庵，生于北京。1919年毕业于北京大学，先后任中央研究院历史语言研究所研究员、北京大学教授。抗战期间任北大文科研究所所长、西南联大中文系主任和师范学院国文系主任，研究语言、音韵学。

罗常培

顾颉刚和罗常培都是西南文化研究室的名誉研究员。而因当时文人、学者之间错综复杂的人际交往，他们也有一段轶事留于后人。顾颉刚在自传中说道，他和罗常培是老同学，罗常培常常请他介绍工作。顾颉刚在厦门大学时罗常培请他介绍进厦大，在中山大学时请他介绍去中大，而中大文学院长傅斯年以罗的思想是“国故”派，与新潮思想不符合为由拒绝了他，顾颉刚则言：“他的思想是另一问题，他的音韵学确实不错。”① 罗常培最终执教中大。在南迁昆明后，顾颉刚在云南大学任教，罗常培在西南联大任教，当联大学生去听顾颉刚的课时，却遭到罗常培训斥：“顾颉刚不是联大的教授，你为什么和他往来！”② 果真如此乎？我等不知矣。学人之间的龃龉，并不妨碍他们共同为西南文化研究室的发展贡献各自的力量。

游国恩（1899—1978），字泽承，1926年毕业于国立北京大学预科，1929年在国立武汉大学教授中国文学史，1931年在山东大学讲授“中国文学史”“楚辞”等课程，抗战全面爆发后，任教于国立西南大学文学系，与徐嘉瑞、罗常培有深厚交情。

1942年游国恩应罗常培之邀请来西南联大中文系任教，主要研究楚辞，开设“中国文学史”课程。当时为躲避警报，游国恩居住在离昆明城

① 高增德、丁冬编：《世纪学人自述》第一卷，北京十月文艺出版社2001年版，第34页。

② 同上。

约10公里的龙头村。一次发了薪水后，他高高兴兴买了两袋米，雇请当地的肩夫挑回家。谁知肩夫挑到大西门时，径直往热热闹闹的人群中走去，直到淹没在人海中不知去向，只留眼光不停在人群中搜索的游国恩黯然神伤。他不得已回到家里，夫人问道，“今天买的米在哪里?”他只得答道，“被肩夫挑走了，可能他更需要吧。”动荡岁月里的生活，人人都不容易。他曾写下一首名为《昆明大西门外口号》的诗：“先生墨者儒，一生得枯槁。栖栖牛马走，仆仆沮洳道。持此衰病躯，犯死换温饱。摇摇战风霜，城上有劲草。”我们看到他对生活的态度，也有学者不屈的韧劲。

游国恩

张印堂（1903—1991），山东泰安人。1933年毕业于英国利物浦大学，获得地理学硕士学位。1933年回国在清华大学任教；1937年出版《地理研究法》；1938年随校迁昆明，在西南联合大学地理系工作。

陈碧笙（1908—1998），福建人，1932年毕业于日本早稻田大学政治学部；1934年至1936年间，到滇缅边境调查少数民族的陆路交通，到越南、老挝、暹罗三国北部和缅甸进行考察；1941年就此段经历写作《滇边散忆》并出版。后在昆明滇缅铁路督办公署秘书处办公。1938年5月出版《滇边经营论》，1940年在《战国策》上发表《滇缅关系鸟瞰》，同年出版论文集《辩证论丛（第1集）》。

王文萱（1908—1983），浙江吴兴人，1931年毕业于日本东京帝国大学经济系，抗战时期曾任位于呈贡县的东方语文专科学校校长。同徐旭生曾一道帮助陈修和出版《越南古史及其民族文化之研究》。

汪懋祖（1891—1949），字典存，江苏人。1910年毕业于江苏高等学堂，1916年入哥伦比亚教育学院，获硕士学位，1919年任哈佛大学研究员。1938年开始在云南大理开办中央政治学校大理分校，1942年在丽江筹办丽江师范学校，该年底赴昆，任西南联合大学师范学院院长。

凌纯声（1901—1978），字民复，号润生，江苏武进人。1929年毕业于巴黎大学，获博士学位，师从民族学家马塞尔·莫斯。归国后，任中央研究

凌纯声

院历史语言研究所研究员，对东北、东南、西南地区的少数民族进行调查。1935 年与芮逸夫等赴云南调查少数民族，1936 年至 1937 年与芮逸夫到滇西调查卡瓦、摆夷等民族。1936 年在《地理学报》发表《云南民族之地理分布》。抗战全面爆发后随研究机构南迁至四川南溪李庄、云南昆明等地。

邓永龄（1902—1984），名子琴，云南永善人，先后就读于昭通省立第二中学、成都国立高等师范国文部、南京中央大学哲学系。1931 年任昭通省立第二中学教务主任，1933 年 8 月调任云南省教育厅督学、编译，翻译出版《阿输迦王石刻》一书。1934 年 6 月在楚雄中学任教。1949 年5 月入职云南大学文法学院文史系。

吴文藻（1901—1985），江苏江阴人，1917 年考入清华学堂。1923 年赴美哥伦比亚大学留学，攻读社会学，获博士学位，1929 年回国。先后曾任燕京大学社会学系系主任和文学院院长，清华大学社会学系兼任讲师。1938 年 9 月到云南大学，教授“社会学概论”“家族社会学”“国族社会学”和“社区研究”，任农村社会经济调查委员会主席。

吴文藻

吴文藻、冰心一家的休闲时光

在迁入昆明之后，为躲避日军没有规律的轰炸，吴文藻和妻子冰心居住在呈贡县斗南的“默庐”。在艰难的环境中，二人仍心有所依，心怀学术救国之志。

以上诸位名誉研究员，工作单位涉及省内外各研究机构，研究方向涉及古代诗词、敦煌经卷、近代边疆、民族语言、滇缅边境、人类学等，共同致力于西南文化研究室的学术研究。

再次，1942 年的“名誉编辑员”在 1944 年改称“特约研究员”，除了原班人马——陈一得、李永清、夏光南、俞德浚外，还增加了胡羽高、杨万选、岑家梧、张凤岐、江应樑。

陈一得（1886—1958），原名秉仁，字彝德，云南盐津人。先后毕业于云南高等学堂，云南优级师范。后在省立中学教数理化。1920 年通过观察绘制《昆明恒星图》，1921 创建了全国第二个私人气象观测站“一得测候所”。1937 年，测候所被收归国有，更名云南省立气象观测所，迁至太华山。1930 年参与云南通志馆的编纂工作，编纂《新纂云南通志》的《天文考》和《气象考》。1932 年写就《航空气象学》稿本，1941 年写就记载该年去西北观测日全食的稿本《临洮测日志要》。

李永清（1897—1949），字子廉，云南昆明人，1920 年毕业于北京高等师范学校史地部，1929 年任云南省教育厅主任秘书，1932 年任云南省立师范学院院长，1938 年教育部将云南大学教育系并入西南联大师范学院，李永清便入职西南联大，1948 年任省立昆华民众教育馆馆长。1931 年参与编修《新纂云南通志》。1941 年完成《蛮书考释》。

俞德浚（1908—1986），字季川，北京人，是纯粹的理工研究人员。1928 年考入国立北平师范大学生物系，1931 年毕业后到北平静生生物调查所从事植物分类学研究。该所后来受英国皇家植物园和皇家园艺学会之托到云南采集高山植物种子。在此契机下，他于 1937 年至 1939 年到云南西北部进行野外考察采集。抗战全面爆发后，该所南迁昆明，与云南省教育厅合作成立云南农林植物研究所，1939 年至 1947 年他任该所研究员，兼任云南大学生物系和农学院讲师、副教授，教授树木学及指导学生做实验。

夏光南（1892—?），字嗣尧，云南会泽人，毕业于北京大学，后任教于云南省立第一中学，参与云南通志馆编《新纂云南通志》的《地理考》的疆域篇工作，1923年出版《云南文化史》，1935年出版《元代云南史地丛考》。

夏光南

胡羽高（1895—1957），原名承謇，改名羽高，贵州人。1917年毕业于北京国立高等师范学校国文专修科。历任天柱、贵阳、遵义、镇远等县县长。1926年任贵州省参议员。1928年任贵南马路总监工委员，后任四川万县物资专员。1940年在县城旧居建德金图书馆，藏书5万余册。

杨万选（？—1996），字次青，贵州人，1926年于北京师范大学学习社会学，1936年被贵州文献征辑馆聘为名誉采访员。

岑家梧（1912—1966），海南澄迈人，1931年考入国立中山大学社会学系。1934年留学日本，毕业于东京帝国大学，学习人类学、考古学。1937年回国，在岭南大学、四川国立艺术专科学校任职，抗战期间任教于国立西南联合大学南开经济研究所。

张凤岐（1910—1992），字翔生，昆明人。1933年毕业于东陆大学，1935年毕业于北京大学研究院。曾在大理云贵监察使署工作。历任云瑞中学校长、昆明师范学校校长。1936年在《乡土史地》上发表《云南边地地理调查报告：云南边地之民族与民族性》。1937年出版《云南外交问题》。

江应樑（1909—1988），祖籍广西贺县，出生于云南昆明。1923年就读云南省立第一师范，1927年考入国立暨南大学预科，翌年升本科后转学社会学、历史学。1935年考入国立中山大学，学习人类学，获得硕士学位，留校教授“中国民族史”“西南民族研究”等课程。1938年初出版《抗战中的西南民族问题》，1939年在《青年中国季刊》创刊号上发表《云南西部之边疆夷民教育》，1945年代理车里县县长，1948年入职国立

江应樑

云南大学，任社会学系教授，教授文化人类学课程。

以上研究员群体的突出特点是文理兼备，是跨学科的学人组合。

最后是特约编辑员群体，该群体1942年到1944年有很大变化。其中除于乃义、张希鲁、赵继曾、李拂一、彭桂萼、李辑五是“固定人员”外，张凤岐、杨万选、胡羽高、岑家梧、江应樑由“特约编辑员”改为“特约研究员”，而李希泌和李田意不知何故不在1944年写就的名单内。

于乃义（1915—1980），字仲直，云南昆明人。1932年毕业于云南法政专门学校政治经济系本科，师从云南著名学者袁嘉穀、陈古逸、秦光玉、方树梅等。1933年起在云南省立昆华图书馆担任编目工作。其间参加该馆《云南丛书》的辑录、校印工作，后参加《新纂云南通志》的编纂工作。

张希鲁（1900—1979），名连懋，字希鲁，号西楼，以字行，云南昭通人。1923年考入东陆大学文史专业。1930年返回昭通任教于省立第二中学、昭通女子师范学校。1931年夏主持发掘昭通后海子古墓，编写《昭通后海子梁堆发掘记》。后与方树梅同行前往河北、山西、山东、江苏、河南、陕西、湖北、江西、安徽、浙江等省，搜集文献文物。20世纪30年代陆续编辑《孟孝琚碑跋》，撰写《滇东汉金石》《考古小记》《西南古物目略》《考古三笺》等书。

赵继曾，字绍普，云南大理人。大理县立初级中学校长。1944年，郑天挺、罗常培、田汝康等人到大理考察时，借住于该校图书馆楼下。1944年任大理县图书馆馆长。

李拂一（1902—2010），云南普洱人，1923年去往车里（今景洪）一带，毕生致力于车里、佛海（今勐海）等地的研究，1933年6月在商务印书馆出版《车里》一书，其著作《泐史》《车里宣慰世系考订》是研究傣族历史的力作，也是“西南研究丛书”中的两种。

彭桂萼（1908—1952），字小圃，笔名震声、丁屹、长戈、号兵、彭鹏等，云南缅宁（今云南临沧）人，毕业于东陆大学预科，1935年任教于云南省立双江简易师范学校、缅宁中学。1937年参加中英南段国界勘界工作。1936年至1939年陆续写就“云南省立双江简师边城丛书”中的《双江一瞥》《云南双江猛猛美国浸信会教堂租借经过报告书》《西南边城缅宁》《边地之边地》等书。

李家瑞（1895—1975），原名辑五，云南剑川人。1920 年考入东南大学，1922 年考入北京大学预科，师从刘半农学习民俗学。毕业后执教于大理、丽江等中学。1937 年出版《北平风俗类征》。

李希泌（1918—2006），字季郯，云南腾冲人。随父李根源寓居苏州期间，受业于章太炎门下。后毕业于西南联合大学历史系，1942 年在昆明创办私立五华中学，任校长。

彭桂萼

李希泌

李田意（1915—2000），1937 年在南开大学获文学学士学位，任教于重庆中央大学英语系。抗战期间在西南联合大学任教。1945 年前往耶鲁大学研究院学习历史。

编辑员是该室编辑资料、出版研究成果的重要力量。特约编辑员是有着辑录、出版经验的于乃义、张希鲁，且相关人员以在云南丽江、大理、佛海、缅宁（今临沧）等地的工作者为主，具有就近研究的便利。

第五是编辑员和助理研究员。编辑员是陶秋英和张靖华，助理研究员是李俊昌和缪鸾和，四位都是云南大学的教职员。其中陶秋英是姜亮夫的妻子，张靖华是西南文化研究室专职编辑员，李俊昌是云南大学文史系助教。

陶秋英（1909—1950），原籍江苏苏州，生于上海。1931 年毕业于燕京大学国文系研究院。先后任上海惠平中学、明强中学、中西女中和杭州弘道女中文史教员。1938 年在上海与姜亮夫结婚。1939 年出版《汉赋之史的研究》。1941 年 8 月至 1942 年 6 月任东北大学中文系讲师。1944 年 8 月至 1946 年 7 月是云南大学中文系讲师，1949 年 9 月至 1950 年 8 月是该系教授。

缪鸾和（？—1980），云南宣威人，1938 年进入云南大学文史系学习，有深厚的家学渊源，选定《南中志》校注作为毕业论文的选题，方国瑜是其指导教师。1942 年 7 月毕业留在云南大学任文史系助教，并在西南文化研究室兼职。缪鸾和也是西南文化研究室“为造就研究西南文化之人才起见，得设研究生，暂由本大学毕业生与在校生中考选之，研究期限定为二年至四年，期满得由校发给研究证书”成功实践的实例。

我们从以上诸位的学术经历、研究方向和成果可以看出，参与到西南文化研究室中的同人，都有研究专长和专属的领域，如古代文学、历史研究、气象学、社会学、经济学，还有其他理工科类。可见该室是一个以文史为主兼及理工科的跨学科研究的机构。正是西南文化研究室研究人员学术有专攻的特色，为搭建好西南文化研究室这个学术交流平台奠定了跨学科、多维度的研究基础。我们可以说西南文化研究室是当时人才聚集的大本营，所聘用的人员，是与研究主旨密切联系的一群学者。同时该室的人员构成，涉及不同年龄段。每个年龄段都兼顾不同研究方向的学人。进行编辑工作的人员则以实践性、操作可能性更高更强的云南本土人士为主。总的来看，西南文化研究室是一个成熟的研究机构，人员组成充分，研究计划完备。

诸位先生的学术经历和研究方向不仅切合西南文化研究室的学术要求，在研究室成立以后的工作中，在该室兼职的云南大学在职教员也根据自己的研究方向，在学校的支持下拟定每年的进修计划，其内容与西南文化研究室研究内容和主旨密切相关。

研究室主任方国瑜在 1943 年 5 月拟定的进修报告中，计划 1944 年休假时往四川搜集滇史资料。“国瑜留心云南史地之学已十五年，先后在北平、南京、昆明搜录资料，分门整理积稿已逾五尺，惟有尚未查翻图籍，拟以一年之时间往重庆、成都、南溪等处访书，抄录前所未备资料，然后整理已成之长编写为定稿”，并已拟具全书目录：

甲编　纪自然。分疆域志、山川志、物产志诸门。

乙编　纪历代设施之政治、经济、军事。分经略考、建置考、武备考、职官录、政绩传、户口考、赋役考、交通考诸门。

丙编　纪历代移民开拓及一般文化。分拓殖考、儒学考、艺文考、金石考、古迹考、宗教考、风俗考诸门。

丁编　纪土族。分土族载记、土司传、土民志、方言志诸门。

戊编　纪人物。凡人物传记，分若干门。

已编　纪边裔。分中国经略缅甸史、中国纪录暹罗古代史、安南与云南交涉史诸门。

庚编　载杂文。分诗文录、琐事录、异闻录诸门。[①]

此次因为教育部迟迟未拨款，最终不能成行。遂改变原计划，修改休假时间为 1944 年 2 月至 1945 年 1 月，计划用一年的时间完成资料搜集，完成研究。1944 年因经费不足，只得“在昆明西郊村寓整理已搜集之史料”，在 11 月 29 日的休假进修研究报告中，方国瑜汇报其学术研究成果：完成《明季以前云南佛教考》《中国纪录缅甸史》《云南摆夷土司史》的初稿和《云南书目》的一部分。

其中，《明季以前云南佛教考》是受陈垣先生《明季滇黔佛教考》的影响，仿照概述体例而写就，篇目内容如下：

卷一

第一章　绪论

明季以前云南佛法之盛

---

① 刘兴育编：《云南大学史料丛书：学术卷（1923—1949 年）》，2010 年 12 月，第 251 页。

第二章　远古传说之可疑

第三章　唐初大理佛化之传说

卷二

第四章　唐代云南佛法之兴

第五章　宋代云南佛门之盛

卷三

第六章　云南前期佛法指阿吒力派

卷四

第七章　元初禅宗之传入与授法

第八章　元代游方求法之高僧

第九章　元代醫官持教与宰官士民禅悦

第十章　元代藏经之传布与高僧撰述

卷五

第十一章　明初高僧之宠渥

第十二章　明初流寓云南之日本僧

第十三章　建文遁迹之传说

第十四章　明初宰官护法与僧官之设

第十五章　滇南禅教之中兴

《中国纪录缅甸史》是补充即将出版的李田意等人翻译的“西南研究丛书”第五种《缅甸史纲》的不足，“英人所著《缅甸史》、哈斐（G. H. Harvly）、潘尔（Arthur Phayre）之书为世人所称道，所据资料为缅人纪录及碑刻，而纪录多误，碑刻甚少。且英人疏于中国史籍，偶有采录，率多错误”。结合当下研究的现状，“近年国人有中缅关系史之作，亦甚浅陋”，西南文化研究因此计划编纂一部中国史料记载的缅甸历史的书。

其篇目内容如下：

卷一

第一章　缅甸古史考

第二章　唐代骠国考

第三章　宋代蒲甘国考

卷二

第四章　明代缅甸土司考

卷三

第五章　元朝征缅录

卷四

第六章　缅甸土司地理考

卷五

第七章　永历帝狩缅纪

卷六

第八章　干隆征缅录

卷七

第九章　清代缅甸人贡录

卷八

第十章　缅甸风土记

而《云南摆夷土司史》上编，是《云南民族史》中的一编。云南摆夷按主要的地域和宗派可以分为腾龙边区和思普边区的摆夷。此书先研究腾龙区之摆夷土司史，暂称上编，大致目录如下：

卷一

第一章　东汉掸人入贡考

第二章　唐代永昌、丽水二节度地理考

卷二

第三章　元代金齿部纪事

第四章　金齿部地理考

卷三

第五章　明清摆夷土司考建置地理

卷四

世袭传上

麓川　南甸　干崖　盏达　户撒　腊撒　陇川　猛卯　遮放　芒市

卷五

世袭传中

潞江　湾甸　镇康　孟定　耿马　孟连　大侯

卷六

世袭传下

木邦　孟密　蛮莫　孟养

附：土司袭职谱

卷七

第六章　明初麓川兵事记

卷八

第七章　摆夷风土记

作为西南文化研究室的主要负责人，方国瑜的云南史地研究密切联系研究室的研究内容。学术研究是没有界限的，很难说是研究室同人互相影响，还是方国瑜学术研究影响着研究室的学术研究。但不容置疑的是，正是西南文化研究室同人的学术关怀，共同促进了西南文化研究的繁荣。

无独有偶，1945 年 6 月楚图南的进修计划中，拟以一年时间在昆明以及滇西及川黔两地进行考察，其项目是“（一）拟调查并搜集西南少数民族文艺及民俗，并编记典型的‘倮倮’及‘摆夷’两民族生活历史；（二）搜集有关《史记》之校著作《史记笺注》”①。

这群先生们齐聚一堂，在云大、联大各校进行课程讲授之余参加云南通志馆等机构的项目之外，还不遗余力地参与西南文化研究的学术刊物出版工作，制订研究计划，这中间当然还有为西南文化研究室精疲力竭地努力争取经费的熊校长。这个在烽火中诞生的西南文化研究室，是一个学术有专攻、研究有专长，汇集国内各领域研究的专业学者而组建的内容丰

① 刘兴育主编：《云南大学史料丛书：学术卷（1923—1949 年）》，云南大学出版社 2010 年版，第 262－263 页。

富、视野广阔的西南文化研究机构。

那么，如此人才济济的西南文化研究室，其具体的研究计划和实际取得的学术成果究竟如何？何以被晚年的方国瑜评价为“西南民族历史文化研究中心”？下文继续讲述。

三、国立云南大学西南文化研究室的学术救国十二年

在风雨飘摇、战火纷飞、社会动荡的时期，西南文化研究室在方国瑜的全权负责下，协同校内外学者竭力合作，致力于研究西南地区的历史文化、边疆社会。研究室创建伊始，即制订详细、内容丰富的研究计划，实际取得的成就奠定了云南大学史学的基础。

随时而变：西南文化研究室的学术研究与现实关怀

1942 年计划设置西南文化研究室时，校长熊庆来致函劝业银行、兴文银行请拨款作为开支经费，随函附发《国立云南大学西南文化研究室计划书》，不仅明确了研究室的研究旨趣、人员组织，还包括研究项目和工作计划，这是西南文化研究室的工作目标。

其中研究项目内容如下：

本室研究工作之地域以云南、西康、贵州为主，次及西藏、四川、湖南、两广，又及安南、缅甸、印度、马来半岛诸境。所研究问题列之如次：

（一）西南开发之研究　自汉以来经营西南之军事、政治之经过及其影响，如历代治理之成绩及改土归流诸问题。

（二）西南移民之研究　历代中原移民及开拓生产之经过并包有一般文化之发展与土族同化诸问题。

（三）西南地理沿革之研究　自汉以来设治之因革及展拓边土与界务诸问题。

（四）西南宗教之研究　因宗教关系每涉及政治，如昔之伊斯兰教、喇嘛教、裸黑山佛教□□□□兰教、基督教在西南有特

殊情形，研究其历史与现在诸问题。

（五）西南民族史之研究　土著民族之史迹，如民族生活史、土司制度史诸问题。

（六）边区地理之研究　调查边境之土宜物产及边区人民之境界生活诸问题，并研究如何推进其物质生活以及开发资源诸问题。

（七）边区人民之研究　调查边区人民之语言、文字、艺术、宗教诸问题，并研究如何推进其教育文化。

（八）西南边裔之研究　历代经营藩属之史绩与诸境现状诸问题。

西南文化研究室的研究项目，紧扣社会发展需要。早在20世纪30年代学界的西南边疆研究转向现状之下，以凌纯声、陶云逵、杨成志等为代表的人类学者展开对西南地区的民族调查，写就了诸多调查报告。

西南文化研究室研究内容异常丰富，空间上以云、贵、西康三省为主，次及周边县份，又基于云南的地缘因素，将研究视野扩大到邻近国家及地区。可见，西南文化研究室是秉承云南大学建校宗旨，立足云南，关怀世界。

具体研究上涵盖当时社会学、人类学、历史学、地理学，包括区域开发、移民、地理沿革、宗教、民族，还关注边境地区的地理、人民的历代的生活、经营状况。这些研究具有前瞻性和极强的学术生命，为奠定云南大学现在的历史学、民族学研究的专业基础，作出了贡献。

同时，校长熊庆来也一直强调云南大学的学术性："云南省大所担负的使命，应该是推进学术研究，造就实际建设人才。本省天然条件优越，如采矿冶金、动植物等，应有专家研究，省大应该培养开发资源的实干人才。"西南文化研究室主动承担起了研究西南边疆民族、历史文化的学术使命。

西南文化研究室针对研究项目的具体工作制订了工作计划：

本室为研究之需要，应搜罗资料，研究所得之成绩应刊布于

世。兹拟计划于次：

甲、设备

一、搜集图书、档册，记录民间传说、故事、神话歌谣等，成立图书部，供本室研究人员之参考，并公开阅览。

二、搜集古器物与民族用具，成立博物部，以供研究并公开展览。

乙、调查

一、古迹、古物之考察并考古发掘。

二、民族生活之考察。

丙、出版

一、文献丛刊。为供应研究西南文化者之便利，汇集有关西南文化之前人撰述，详为校注，或翻译其种文字刊印之。又如研究书目、论文索引、地名人名辞典与地图之类，亦分别编纂刊印之。

二、集刊。本室研究人员与校外专家之撰述论文合刊之，每年二期或四期。

三、专刊。论文成书者收为丛书刊印之。

四、报告。调查报告与工作报告随时刊布之。

具体工作聚焦对研究过程的全面把控和如何将调查资料、研究所得转为化学术成果，惠及社会。通过分类将成果公之于众，顺应日渐成熟的社会教育需要，基于搜集的图书、档册，记录的民间传说、故事、神话歌谣等，成立图书部，并提供阅读场所以便公众进行阅览，同时又基于搜集到的古器物与民族用具成立博物部，公开展览，以促进时人对西南地方文化的了解。

在专业的学术成果宣传方面，细分不同情况，分别予以出版。对于出版校注或翻译前人关于西南文化的撰述，以及研究书目、论文索引、地名人名辞典与地图等，编为文献丛刊；研究人员的专书或论文，以及调查报告单独出版，都有详细的规定。可见，西南文化研究室有了相当成熟的计划。

其中规定具体调查项目可能参考了当时人类学的研究方法。对古迹、古物的考察和发掘，对民众社会的田野调查也都制订了计划。

除了设立之初的总计划，西南文化研究室还制订了年度工作计划。1942 年 12 月 23 日熊庆来曾在向兴文和劝业两行函送的西南文化研究室计划中，详细制订了第一年度和第二年度的计划。

1. 第一年度工作计划

自三十一年七月至十二月

创设伊始，且当物力困难之时，图书器物之搜罗，难于短期完备，多请专任职员，亦感经费有限。故第一年度之工作，利用本校已有之设备，并请本校文史、社会两系职员中与本室旨趣相投者兼理研究，以出版图书为主要之工作。由研究员及助理员分担编纂《二十四史云南文献辑录》及《滇人著述书目》二种，翻译《缅甸史》一种。又征集研究员及名誉研究员已成之著述若干种，即将全部经费作出版之用。计可刊行专刊五种及学报一期。专刊已决定张印堂所著《滇西边区经济地理》、徐嘉瑞所著《云南农村戏曲史》、方国瑜所著《滇西边区考察记》、李田意翻译《缅甸史纲》及研究室所编之《二十四史云南文献辑录》，即可陆续付印成。每种除分送外，出售若干册，计可收回成本约三分之一，作购置图书及其他费用。

西南文化研究室一成立，即着手进行西南文献的编纂、出版以及南亚国家的文献翻译工作，同时出版学报，这可能是基于《西南边疆》的出版经验。文化研究室的主要工作始终围绕文献的出版。

但因为经费、人员各方面的原因，1942 年并没有成功出版图书，只出版了《云南大学学报》第一类第二号一期。

2. 第二年度工作计划

自三十二年一月至十二月

本年度工作，拟照第一年度办法，继续推动，于出版物觉有加强数量必要，拟刊行专刊十种：包括关于历史研究二种，边疆调查二种，民俗学二种，暹越印缅专著翻译二种，此外拟出版学报二期。有创建之学术作品，汇刊一期。至研究室组织，因工作上之需要，拟聘专任研究员一人，专任助理员一人，以担负历史之研究工作。又为搜集史地资料，拟组织历史考察团。赴昭通、曲靖诸地调查汉晋遗迹且对于此区域之历代史迹有系统之研究。历史考察团组织拟与北平史学研究所研究员合作，俾收互助之效。考察所得成绩，可由本室专刊发表。

由此可以看出，西南文化研究室的工作计划，整个都是以书刊出版为主，在具体研究中逐步实践其研究旨趣。1942 年 7 月至年底，计划从云南本省研究和已有的成果出发，出版两种云南历史研究的书，并翻译缅甸历史书籍。从 1943 年开始计划研究的方向细化为历史和边疆，具有历史学和人类学、社会学的学科研究区分，计划出版的刊物已经细化到历史研究类、边疆调查类、民俗学以及暹罗、越南研究等域外研究的专著翻译，同时，走出书斋，计划前往滇东北的昭通地区和曲靖进行汉、晋遗迹的调查。可见计划工作已经从已有研究的收集、整理、出版进一步扩展到展开实地调查，出版调查报告。

西南文化研究室作为一个学术研究机构，计划研究内容具有与时俱进的特点。其中对昭通、曲靖古迹的考古与调查，是当时学术界对西南各地考古的组成部分之一。

这可能是因为 1942 年已经出版了中央博物院派考古专家吴金鼎、曾昭燏、王介忱来大理调查古迹的考察报告书《云南苍洱境考古报告（甲乙编）》，该书详细介绍了吴金鼎等人在 1938 年 11 月到 1940 年 9 月对马龙遗址、佛顶甲乙二址、龙泉遗址白云甲址及点苍山等的调查发掘情况。此外，早在 1933 年昭通的张希鲁就辑录、编纂了关于鲁甸、东川、曲靖等地的遗迹、遗址的书籍《滇东金石记》，其中包括《昭通后海子梁堆发掘记》《汉洗记》《古物记》《昭通城东访古记》《张公墓志》《考古小记》等文。这些已有成果都可以为西南文化研究室提供参考和借鉴。

历年制订的计划中都体现其学术关怀现实的特点，1944 年又根据实际研究需要进行局部调整。

1944 年 3 月 18 日，熊庆来致函兴文银行和劝业银行请求拨款时，汇报了西南文化研究室的工作情况，并附《国立云南大学西南文化研究室概况》。此次根据已出刊物和书籍的基本情况、社会的经济状况和学术研究的需要，对计划研究内容进行了修订，并制订了第三年度的工作计划。

其中研究项目内容如下：

> 本室研究工作之地域以云南、西康、贵州为主，次及西藏、四川、湖南、两广，又及安南、缅甸、印度、马来半岛诸境。所研究问题列之如次：
>
> （一）西南开发之研究　历代经营西南之军事、政治之经过及其影响，如历代治理之成绩及改土归流诸问题。
>
> （二）西南移民之研究　历代中原移民及开拓生产之经过及文化之发展与土族同化诸问题。
>
> （三）西南地理沿革之研究　自汉以来设治之因革及展拓边土与界务诸问题。
>
> （四）西南民族史之研究　土著民族之史迹，如民族生活史、土司制度史诸问题。
>
> （五）西南文化一般问题之研究　古代及近代之一般问题，如经济资源、土宜物产、礼俗文学、艺术、语言文字诸端之实况及其演进。
>
> （六）西南边区之自然与人文之研究　调查边境之地理环境与人民生活，并研究如何改良物质享受及促进教育文化诸问题。
>
> （七）西南边裔之研究　历代经营藩属之史绩与诸境现状，并与本国有关之政治、经济、文化诸问题。

这是继 1942 年研究内容和计划制订之后，同人对工作内容和宗旨的进一步思考。其实 1942 年 12 月方国瑜在刊物《昆明通讯》上就曾从学术界对西南边疆的研究出发，明确研究重点：“西南地理，包括滇、黔、康、桂，惟关于西康，已有蓉渝之学术团体，多留意□黔、桂之研究亦不乏人。近闻中山大学筹设西南文化研究室所，即多留意黔、桂、湘、粤诸地，故此间同人之工作，将多留意于云南，及西南边外越、暹、缅，且推及马来、南洋印度，将徐为之。”① 这埋下了1944年修改研究计划的伏笔。

此次删除了西南宗教的研究，原文是“因宗教关系每涉及政治，如昔之伊斯兰教、喇嘛教、裸黑山佛教□□□□兰教、基督教在西南有特殊情形，研究其历史与现在诸问题”，将原“边区地理之研究”“边区人民之研究”明确为“西南边区之自然与人文之研究”，在空间上确定为“西南地区”，内容上以自然和人文概其要旨。

以当下学者的归纳来说，西南文化研究室的研究内容具有划时代的意义。“第一，收集整理西南历史文献，研究西南诸族类历史，各族类开拓西南、建设西南的历史，为中国西南的建设与发展提供资鉴。第二，开展田野研究，认真研究他们的社会文化，促进各族类的相互了解、交流、融合和团结进步。第三，研究与云南相连、相近、相通的东南亚诸国的历史，通过研究促成与我国协力的命运共同体。其宗旨与研究计划，至今仍具有重大的学术价值与现实意义。”②

此外，1944年的工作计划也有所变化，西南文化研究室具体的工作计划为：

（一）总纲

本室为研究之需要，应搜罗资料，研究所得之成绩应刊布于世。兹拟计划如次：

甲　设置

一、搜集图书、档册，记录民间口传，成立图书部，供本室研究人员参考，并公开阅览。

二、搜集古器物与民族用具，成立博物部，以供研究并公开展览。

乙　考察

一、古迹、古物之考察。

① 方国瑜：《昆明通讯》，《边疆研究通讯》第一卷第五六号合刊，1942年12月20日。

② 李婧：《方国瑜：一流学科的拓荒者与奠基人》，《思想战线》2018年第5期。

二、边疆民族生活之考察。

丙　出版

一、文献。为供应研究西南文化者之便利，汇集有关西南文化之前人撰述，详为校注，或翻译他种文字刊印之。又如研究书目、论文索引、地名人名辞典与地图之类，亦分别编纂刊印之。

二、集刊。本室研究人员与校外专家之撰述论文合刊之，每年二期或四期。

三、专刊。论文成书者收为丛书刊印之。

四、报告。调查报告与工作报告随时刊布之。

可见，工作总纲更加注重研究细节上的学术化，一是将民间的传说、故事、神话歌谣统称为“民间口传”；二是将“调查”更为学术性质的“考察”，但仅对古物遗址进行考察，不涉及发掘；三是注重研究的空间界定，将“民族生活之考察”明确为“边疆民族生活之考察”；四是注重语言、文字的研究，注重对西南少数民族文字和域外文字的翻译。

（二）工作计划

1. 第一年度工作计划

自三十一年七月至十二月

本研究室已于民国三十一年七月正式成立，当经此继续发展，期有成绩贡献国家。惟创设伊始，且当物力困难之时，图书器物之搜罗难于短期完备，多请专任职员亦感限于经费。故第一年度之工作拟利用本校已有之设备，并请本校文史、社会两系教职员中与本室旨趣相投者兼理研究，以出版图书为主要之工作。拟由研究员及助理员分担编纂《二十四史云南文献辑录》及《滇人著述书目》二种，翻译《缅甸史》一种，并在本年度完成。又征集研究员及名誉研究员已成之著述若干种，即将全部经费作出版之用。可利用专刊五种及学报一期。印成之书除分送外，每种若干册出售，计可收回成本约三分之一、作购置图书及其他费用。

此次的第一年度计划中删除了“专刊已决定张印堂所著《滇西经济地理》、徐嘉瑞所著《云南农村戏曲史》、方国瑜所著《滇西考察记》、李田意翻译《缅甸史纲》及研究室所编之《二十四史云南文献辑录》，即可陆续付印成”，因为除了经费问题之外，“与印刷局订立合同应在三十一年三月印完，而耽延至今，始印成杂志一期，专刊三种。余二种，各排四、五分之一，以至影响第二年度工作未能顺利进行”。的确，直到1943年7月才出版《滇西经济地理》《滇西边区考察记》《云南农村戏曲史》三书。

2. 第二年度工作计划

自三十二年一月至十二月

本年度当继续第一年度之工作办法，且为逐渐发展计，出版刊物拟较第一年度加倍，即刊行专刊十种、学报二期。又为研究工作之需要，拟聘专任研究员二人、专任助理员二人，分担历史及边疆之研究工作。又为搜集史地资料，拟组织历史及边疆两边疆考察团。历史考察在昭通、曲靖诸地之汉晋遗迹；边疆考察在车里、佛海诸地之摆夷区域。而本室之人力、物力恐不能负专责，故历史考察拟与北平研究院史学研究所合作，边疆考察拟与本校社会研究所合作，可得相助之效。考察所得成绩归本室专刊发表。

相比较1942年关于实地的考察工作，新的计划中，增加在车里、佛海诸地的摆夷区域进行边疆考察的计划。这是其学术内容丰富的表现之一。

3. 第三年度工作计划

本研究室成立之初，因人才及设备之困难，聘请国内学者为名誉职，编撰之书略酬稿费，以全部经费作印刷之用。将出版书籍赠送，所余寄书坊出售，收回之数以作设备费，冀由此渐图充实。第一年度经费十万，计划出版专著五种、杂志一期。与印刷局订立合同，应在三十一年三月印完，而耽延至今，始印成杂志一期，专刊三种。余二种，各排四、五分之一，以至影响第二年度工作未能顺利进行。第二年度之计算，拟出版图书外，与本校

社会研究所及北平研究院史学研究所合作组织边疆及历史两考察团。惟经费十五万，仅能作印刷之用，且物价昂贵，差足三种专书之印刷费。而此时研究之方面，应多经意于中南半岛及印度马来诸境，故决定印刷陈修和编著之《越南古史及其民族文化之研究》，徐嘉瑞译述之《印度美术史》、朱杰勤译之《暹罗史》，已先后付印。期在暑假内三种可能出版。

本年度拟继续前二年度之工作办法出版专刊十种。又为研究工作，拟组织边疆、历史两考察团之办法，仍拟照上年度之计划。本研究室聘专任研究员二人、专任助理二人，分担边疆及历史之研究。与民政厅边疆设计委员会及北平研究院史学研究所合作，分往车里、昭通两处，以半年期限从事考察，半年期限整理报告，作本研究室下年度专刊发表。

第三年度的工作计划是总结之前的工作经验而制订的。回顾两年来的工作情况，我们可以看到经费不足成为制约工作进行的首要因素。第三年度的工作计划就没有明确时间，综合已经出版的书籍研究从滇西社会到云南的文化，兼顾中南半岛及印度等境的研究。

从 1944 年开始研究方向细化为历史和边疆，拟组织边疆考察团展开滇东北的历史故考察，到滇南的车里、佛海等地进行边疆考察，可见计划工作从已有研究的收集、整理、出版进一步发展到展开实地调查，出版调查报告，逐步实现研究目标。

文化研究室的工作计划以书刊出版为主，从注重云南的历史文献整理到实地考察的调查报告再到注重对中南半岛、印度、马来群岛的研究，印刷出版研究专著或翻译著作，可见工作计划的研究范围从云南扩大到南亚、东南亚，从地方史、区域史扩大到世界史的范围。整个研究的时空范围具有前瞻性。

该室在拟定计划之后对研究内容和经费作了进一步说明：

本研究室第三年度工作计划，已陈述于最近编印之《国立云南大学西南文化研究室概况》中。惟尚有补充说明者，云南本僻在西南，其风俗习惯，尚存古风。有在中原早已消失之重要资料，可供历史上宝贵之参考者，在云南尚可发现。自抗战以来，由于他省人口之不断迁入，云南固有之风俗习惯，遂逐渐发生变迁，今且急转直下，有不可遏阻之势。如不于此时加意搜讨，编入纪录，恐不转瞬将难以寻其迹象矣。又近来入滇之学者至多，如地理、历史、地质、语言、社会等各方面之人才，几均集中昆明。其中定居至六年以上者，均各有专门之著作，对云南文献之搜集、整理已成之长篇巨制，更不知凡几。亟应乘此时机，尽量罗致，以免此项珍贵材料，日久散佚。现拟在短期内，印行较新颖之“云南文化丛书”十种（其中名称请酌定），以作本省文献之宝库。故本研究室第三年度之工作，较之过去两年，倍加浩繁。兼以纸张昂贵，印刷增价，揆之既往，已在十五倍以上。因之本年度经费之预算，自不能不增加。

该室同人对西南文化的研究中，对云南地方史的研究尤为重视。从对保存历史文献、存史鉴今的学术研究的社会意义的阐释，到基于已有研究，计划进一步丰富云南的研究，出版“云南文化丛书”，可以说是民国时期云南学术界发展的表现之一。

在此之前，民国时期云南社会有几次重大的书籍辑录、编纂、出版活动，如从1914年开始唐继尧召集赵藩等人成立“辑刻云南丛书处”辑录“云南丛书”；1938年省政府召集第五七二次会议，成立“云南行政纪实编纂委员会”，纂修《云南行政纪实》；同时期侯曙苍等人成立新云南丛书社，计划编纂地方文史类、地方建设类、科学技术类的“新云南丛书”。此外边地地区的双江简易师范学校也自20世纪30年代开始陆续出版“云南省立双江简师边城丛书”等。

从现实需要的角度，“书籍联系着极其广泛的人类活动，它们是匠人的产品、经济交换之物、观念之舟以及政治和宗教冲突的要素”①，出版书

① （美）罗伯特·达恩顿著，顾杭、叶桐译：《启蒙运动的生意——〈百科全书〉出版史（1775—1800）》，生活·读书·新知三联书店2005年版，第1页。

籍是学术、政治、文化的综合需要，更是学术救国理念的实践。西南文化研究室出版的书籍的意义，影响深远。

此外，西南文化研究室日渐成熟的设置旨趣、组织章程、研究项目、工作计划，历年计划变更的影响因素、研究经过等，在1948年张福延向教育部呈报西南文化研究室工作概况的呈文（1948年5月15日）中记载得尤为详细。

其中重申和明确研究室设立的现实需要和学术意义："窃查我国西南史地前人研究成绩率多肤浅，且见解不正确，而研究国史者又多疏忽。本校文史系同人有鉴于此，乃于二十九年冬组织西南文化研究会，搜集材料，逐谋加以整理。时值抗战军兴，西南为抗战建国基地，留心其史地者日众，中央党部曾有筹设西南文化研究所之议。为加强研究工作起见，乃由本校聘请专家，于民国三十一年七月改组该会为西南文化研究室。"①

历数1942年7月至1948年5月，该室因经费掣肘，历经艰难所获得的研究成果亦颇少。"成立以来，因校款奇绌，该室经费从未列入预算，所有费用概系向外捐募，所得即用以出版图书。现出版书刊有丛书十种、学报一种，每种各印刷五百册，大都分送国内外学术机关及研究室专家参考，仅以少数出售。以其收入作为赠书印费，并购买参考书籍百数十册。当成立之初，曾草拟缘起，按年订计划，逐步实施。惟以无固定经费，原计划多未能实现，且西南区域广大，顾及全面，力有未逮，故暂偏重于边疆区域及中南半岛诸国之研究，今后计划亦拟为此。复查战后中南半岛局势已非往昔可比。此区域文化之发展，原受我国扶植，曾经西欧势力所支配，今渐谋独立，而已有之文化并未充实。本我已达达人之旨，自当予以辅助。云南地处西南，在地理上位置上至为重要，实负有此种责任"。②

再者，从云大学术研究的使命和地缘优势出发，基于云大的研究平台，从西南文化研究室的研究旨趣出发，拟定跨区域和跨国的学术交流，汇报目前已经进行的有关工作。"于学术方面，本校拟与缅、暹、越诸国

① 《张福延向教育部呈报西南文化研究室工作概论》（1948年5月15日），载刘兴育主编《云南大学史料丛刊·学术卷 1923年—1949年》，云南大学出版社2010年版，第14－15页。

② 同上。

学术机关作密切联络，以谋共同发展。盖利用地理上重要条件，可能有特殊之成就，不可不勉力为之。惟本校各部门均负有专责，此一特殊任务又不能不委之西南文化研究室。本年一月初，该室主任方国瑜教授曾致函仰光大学校长，就该室名誉编辑员李拂一赴缅甸之便，携往商议中缅文化合作计划。仰光大学及缅甸政府对此极感兴趣。国务总理达钦汝招待李拂一时，该国各部行政首长及大学校长均在座，达钦汝恳切表示愿与本校竭诚合作。国务副总理及大学校长亦分别招待李拂一，商议结果甚为圆满。在最近即可实现者为交换教授与共同研究中缅关系。近又由该室主任致函曼谷朱拉銮干大学校长，托旅居暹罗主编《中暹学报》之许山雨君代为洽商中暹文化合作。又该室同人前与越南东京之东方博古学院院长谢代斯及研究员右泰安多有联络，今越南在混乱中，待其局势稍定，中越文化合作事宜亦可正式函商。”且从学校层面落实到具体的研究机构——西南文化研究室，“我国与中南半岛诸国境域相接，诸凡经济、政治、文化、军事莫不密切相关，当由多方面与之联络，而文化学术之合作，促进经济、政治、军事之关系者甚大。本校因此项任务，拟加强西南文化研究室工作”。

最后寄希望于教育部对经费的资助，经费不足一直都是该室发展的核心制约因素。张福延的呈文中，也记有该室同人“未敢率尔请求经费，近年来，出版丛书风行国内外，且与研究边疆问题之学术团体及边疆人士时通消息，并与中南半岛边疆问题诸国学术机关密切合作，必须有负专责之人员，以资办理。所需研究员三人、助理员二人、工役一人及出版书刊经费，拟请钧部准予核拨，俾利研究”。

以上是我们对西南文化研究室三个不同年份研究计划的历时性考察，从其研究旨趣、具体工作和年度计划中，我们可以看到，研究室作为云南大学的附属机构，在文史学系、社会学系和校内外专家学者的共同协作和以方国瑜为主任的管理之下，研究注重对历史问题的研究和对边疆地区的考察，是当时云南大学历史学和社会学研究方法取径的体现。

同时，西南文化研究室注重云南地方史料的搜集和文化的传承，实际取得的成就也为云大史学的发展奠定了坚实的基础。

同人根据学术发展、现实需要不断进行计划的调整和修改，然而美好的愿景，历年并未完全实现。款项不是逐年拨发，这是令人无比头疼的问题，也是最大的制约因素。方国瑜也曾思考过这个问题，研究室也计划利用出售出版刊物作为经费来源之一，但出版并未依据原计划进行，销售更是无从说起。

多方筹措，经费何处来？

机构的运行除了靠组织人员的团结合作，还要靠经费。经费不足一直是一个极大的制约因素，西南文化研究室的发展历程切实体现了“经济基础决定上层建筑”的内涵。

西南文化研究室于 1942 年 7 月正式成立，并制定了出版计划，但是经费缺乏一直影响着它的运行。前面提到成立之初兴文、劝业银行拨发经费 10 万元，但在当时时常遭受日军轰炸，物价飞涨的社会环境下，出版本就不稳定，钱也不值钱。

在 1941 年云南省图书杂志审查委员会的报告中说：“因百物腾贵，印刷所拒绝承印，借故推诿。转运困难，成本高贵，各地书刊不能畅流。”龙云以自己的名义下令昆明市政府转饬民政厅：“所属印刷所尽量承印书刊，不得拒绝。”① 然而 1942 年 4 月昆明市的印刷业仍然不景气。

当时迁入昆明的学人在日记中也有记载。郑天挺于 1942 年 1 月 20 日的日记中记录昆明物价昂贵，不乏对书价上涨的感慨：“余抽闲往中华书局、商务印书馆一观，无可购之书。其价已涨至十倍半矣。凡原价一元者售价十元五角，今后读书人将何以得书耶……今书价陡增，恐能读书者唯中上以上之家矣。此非社会之福也。”②

1942 年尽管出版业凋敝，经济困难，但西南文化研究室仍然制定出版计划。方国瑜在《边疆研究通讯》中，广而告之该室书籍出版计划。因为物价昂贵，经费有限，当时十万字五百册杂志就需要 14000 元，因此计划与东方语文学校商定合作办法，拟出专刊十种，每种十万字。1942 年底已着手翻译《缅甸史》《暹罗史》，收到《滇西经济地理调查》，正在接洽

① 高登智：《民国时期云南书刊的审检》，载王品三主编《云南出版史志资料》第三辑，云南省新闻出版局《出版志》编纂委员会 1989 年版，第 76 页。

② 郑天挺：《郑天挺西南联大日记》上册，中华书局 2018 年版，第 515 页。

《校注〈蛮书〉》以及短期编成《二十四史云南文献辑录》等五种书籍。①

1942 年底西南文化研究室拟具 1943 年的年度经费计划，熊庆来就此计划致函劝业和兴文两银行，请求补助 34 万元，以维持研究室的运营，但这件事情久久没有回响。

1943 年 6 月 2 日，时间又过去半年了，两银行迟迟没有回复。熊庆来思忖着眼下已经完成排版，马上就要付梓的《滇西经济地理》《滇西边区考察记》《云南农村戏曲史》《越南古史及其民族文化之研究》四书急需经费，他再次找来纸笔，不得不再次致函两银行。

终于一个月后的 7 月 2 日兴文行长张质斋来函回复："关于龙氏讲座及西南文化研究室三十二年度之经费，事关本省教育文化事业……共补助国币肆拾万元，内种由敝行补助贰拾肆万元，余由劝业银行补助壹拾陆万元。"还备注："至以后有无能力继续补助，应俟营业情形而定。"8 月 6 日，兴文银行来函，熊庆来有些担心经费拨付事情是否又出现了意外，果然，"先行拨付半数，计合国币壹拾贰万元"。无独有偶，同月劝业银行也复函："先拨半数八万元。"

从 40 万元到 20 万元，这骤减的费用总额，如何维持西南文化研究室的运营？可以想见，这样束手束脚、捉襟见肘的运行何等艰难。而兴文银行张行长的需要根据以后的营业情况再考虑是否继续补助的回复，一直是熊庆来等西南文化研究室同人心中挂念的事。

但困难远不止此。8 月 9 日，熊校长再次致函，言辞恳切："现在两行没有拨款，敝校都是自掏腰包推动工作，恳请拨款救济。""现时间已过去一半，用款系由校暂垫，可否仍恳贵行将该款贰拾肆万元一次拨发，俾济应用，不胜感盼之至。"8 月 13 日张质斋回复："惟近来适以敝行款项较紧，不得已乃分两次拨发。"

1943 年是西南文化研究室出版成果最多的一年，不管经费如何紧张，四处奔波、执笔涕零申请补助款项的日子里仍旧看见这些成果，熊庆来、方国瑜是欣慰的。

① 方国瑜：《大筹设西南文化研究室，已正式成立》，《边疆研究通讯》1942 年第 1 卷第 5－6 期。该刊该期出版时间是 1942 年 12 月 20 日，方国瑜拟定的计划在 1943 年才付诸实践。

1944年3月18日熊庆来因西南文化研究室第三年度工作重点是印行“云南文化丛书”十种：“云南文化丛书”作为本省的文献宝库，他不得再次致函兴文银行和劝业银行，言及“目前纸张印刷，经费自不能不较过去增加”，恳请两行“本过去扶持之精神”“补助国币一百二十四万三千二百元”，并表示：“不胜翘企，感纫之至。”

这次可能没有获得两行的经济支持。因为当年7月8日，熊庆来又致函陆崇仁，请他资助该丛书的编撰，都已经明确到“所拟预算全系印刷费，每种以五万元计，约需一百万元”，人工费等都已经不计算在内了，之前向两行申请将近125万元，现在只是100万元，且怀着无比诚挚的情感，“临颖神驰，不尽欲言”。现在读者读来，不仅感慨当时经费的来之不易与熊校长的一片为校操劳之心。

11月8日终于等到张质斋回函了，关于经费补助一事：“照原额补助尚感困难……勉照三十二年度补助额增加一倍，共补助国币八十万元，由敝兴、劝两行以六四成分担。”17日云南大学从两行领走80万元。12月21日，熊庆来令云南大学文书组致函两行，请拨付剩余40万元，两行却说补助费80万已如数拨给。

在经费问题上，从熊庆来和兴文、劝业两行行长和董事长之间“讨价还价”的函件往来，我们也可想见当时的西南文化研究的运行是多么艰难。

我们发现西南文化研究室没有第四年的年度计划，可能是没有获得兴文、劝业两银行的经费资助。经济困难在当时是常态。

这也与1945年整个社会经济状况相关，人人生活都异常艰难。以主任方国瑜为例。1945年夏天，他的侄子方宝贤去美国留学。为给侄子、杨凤、和惠侦三人践行，方国瑜作为一位有着教育部评议批准的教授职衔的教师（当时云南大学五个学院二十多个系，只有五、六个人才能有此殊荣），仅仅只买得起一斤猪肉。他在后来写给侄子的信中吐露了一个读书人的无奈和辛酸：

> 有一件事对不起你，在你离开昆明时，留下若干笔记本，后来你来信说要寄去，已包好到邮局，又带回来，因为付不起邮资……我的工作与书本打交道，原有两大橱要经常用的书，抗战

> 后期那几年为添补生活费用，陆续送到售书店里，只剩下一小半；你婶母的外文书则全部卖掉。这些事你都知道的，我所收藏的书，为了要用，处在那样的环境而被卖掉是舍不得的，但无可奈何才这样做……①

经费紧张可能与云南政局中陆崇仁贪污案有密切关系。陆崇仁是两行的董事长，同时在云南政坛任要职。1946 年 3 月在重庆召开国民参政会第四届第二次大会上，罗衡举发云南田赋管理处长陆崇仁贪污四十亿万元，这一“粮食询问案中最惊人的一文”，并以云南省参议会检举陆崇仁的决议提交粮食部部长徐堪，徐堪表示：“陆崇仁贪污案，一定依法严办，绝不宽假。”② 此后，西南文化研究室的经费更是捉襟见肘。

1946 年以后西南文化研究室陆续出版的书籍，大多是他人赞助。其中李拂一的《泐史》是在其友人周丕儒“力赞其成”下付梓的。徐嘉瑞在《大理古代文化史》的“自序”中写道：“在出版方面，得方国瑜先生的发起和大力的赞助；在经济方面，得马晋三、董仁明、李琢菴、严燮丞、陈公宪诸先生的支持，得以完成。”方国瑜详细记载：“严燮丞先生捐助国币五百万元，董仁明先生肆百万元，陈公宪先生一百五十万元，马晋三先生一百万元；以五百元为排印之费，余购报纸四令及封面纸。”但又由于要出版时，物价飞涨，之前的经费根本不够，“复承董仁明先生助金圆券五百元，由研究室购纸二令，催促排印”才最终出版。

其实，20 世纪 40 年代，云南处于前线与后方的综合地位之下，昆明遭遇日军飞机轰炸，经济困难、物价飞涨。1945 年 7 月西南联合大学经济学者伍启元等九位教授，直接将陆陆续续刊登报纸的文章编纂成《昆明九教授对于物价问题的呼吁》一书，由求真出版社出版，号召社会关注当下病态的物价问题，但一直没有得到很好的解决。因为直到 1946 年 5 月，徐嘉瑞还在感慨：“尤其是最近一两月来，书价暴涨，一本小小的杂志，由

① 方福祺：《方国瑜传》，云南大学出版社 2001 年版，第 240－243 页。

② 廖毓泉：《参政会旁听记》，载《联合画报》1946 年第 169－170 期第 11－12 页。

五六百到七八百，不但物质的营养不足，连精神的营养也快要断绝了！”[①]可以想见，整个社会的物价之高。

同时还有一个更为直接的影响因素——日军轰炸下的“跑警报”。

最初日军轰炸昆明城是在1938年。经历那场轰炸的人，估计都会记得那段不愿意回忆却又深深植根脑海的日子。当时在史语所的石璋如回忆道：“当天九点响起空袭警报，我跟高去寻先生两人一起跑，藏到一个挖好的战壕……我们从战壕出来，回去昆明城内，大概是下午两点左右。往小西门方向走，那一带有昆华师范学校，听说死了不少人……天文所的研究员（可能还是所长，很有名气）李鸣钟的妻女都被炸死了。董（作宾）先生作《殷历谱》时经常一起讨论的天文所的研究员陈遵妫，他的母亲跟弟弟都被炸死，太太跟儿子被炸伤。”[②] 而参与此次救济的民政局科员孔庆荣的回忆则更令人痛心：“炸弹落地爆炸，硝烟弥漫，破片横飞，死者尸横遍野，幸存者呼天嚎地，惨叫之声不息……”[③]

敵機又狂炸本市

毀屋七百間傷亡共三十餘人

日军轰炸后的昆明城一角

① 徐嘉瑞：《抢救云南教育》，载云南大学，云南省档案馆编，刘兴育主编：《国立云南大学教授文集（一）》，云南大学出版社2013年版，第313页。

② 陈存恭、陈仲玉、任育德访问，任育德记录：《石璋如先生口述历史》，九州出版社2013年版，第171-172页。

③ 孔庆荣、段昆生：《忆日机首次轰炸昆明》，载中国人民政治协商会议昆明市委员会文史资料研究委员会编《昆明文史资料选辑》第六辑，1986年。

这对昆明社会无疑是雪上加霜。不仅是人员流离失所、涂炭生灵，而且整个社会处于动乱不安中。不知几时会遭遇轰炸，不知下一次轰炸会发生在哪里。西南文化研究室同人只得分散住在昆明郊外的农村躲避轰炸。如方国瑜就住在普坪村，四处奔跑躲警报时，还和郑天挺偶遇过。当时还流传着这样的唱词："预行警报，穿衣戴帽（又有'快快吃饱'的唱词）。空袭警报，出门就跑。紧急警报，心惊肉跳。解除警报，哈哈大笑。"罗常培也记载抗战时期的昆明生活，"从长沙坐火车到广州，再从香港搭船到海防，转滇越铁路直达昆明。到昆明那天是一九三八年二月二十六日……在昆明的六年内，起初还是为教书、处理中国文学系系务和自己的研究工作忙，后来因为敌机袭炸的次数加多，校外人事关系复杂，一天从早忙到晚，仍旧做不了多少事。在业务一方面的成就除了在联大中国文学系和北大文科研究所培植出些个学生外，就是旅行大理三次，调查了十几种西南少数民族语言。"[①] 因为常常"跑警报"，工作时间不能固定化、常态化，西南文化研究室的工作很难按计划进行。

经费困难问题，一直伴随着西南文化研究室的成立始终。1947 年 5 月 10 日在云南省研究机关概况调查表中，填报者专门在备注一栏注明"研究室无固定经费，遇有著作出版时，临时募集"。

直到 1948 年 5 月 15 日，研究室向教育部呈报概况时，再次提及："成立以来，因校款奇绌，该室经费从未列入预算，所有费用概系向外募捐，所得即用以出版图书。"并述及此阶段研究室出版的丛书在国内外流通，研究人员与边疆问题研究的学术团体及边疆人士、中南半岛边疆问题诸国学术机构等的合作网络。最后提出经费申请，包括该室 1948 年 8 月至 1949 年 7 月间的预算薪津和出版费。然而此事无疾而终。自 1947 年全力出版完成第十种"西南研究丛书"之后，由于经费短缺，加之机构人员复员的问题，该室基本上处于瘫痪状态。

1948 年的《校庆特刊》上，熊庆来写下《本校之学术生命与精神》回顾云大自成立以来的岁月，仍不免慨叹物价昂贵。

---

① 傅懋勣、周定一、张寿康、罗慎仪主编：《罗常培纪念论文集》，商务印书馆 1984 年版，第 415 页。

吾校成立，迄今凡二十有七年，可贵者，即在此悠长岁月中，其学术生命，未尝稍断；学术精神，则日就发扬；夫大学之重要，不在其存在，而在其学术的生命与精神。吾校同人及同学，于此意均深为重视，而有一卓然之态度，故在个人生活极艰苦之时，或学校环境极动荡之极，校内工作每能不受影响。远者兹不论，姑以一年之情形言之，因时局之剧变，财力艰难，物价狂涨，待遇调整，远不能适应需要，同人物质生活，每濒绝境，然弦歌从未中缀，而课外之研究工作，继续推动者仍复不少。

此外，我们还关注到一个问题——出版书籍的赠送。该室的呈文中明确说道："大都分送国内外学术机关及研究室专家参考，仅以少数出售。以其收入作为赠书印费，并购买参考书籍百数十册。"1943 年 4 月 23 日该室将即将出版的《滇西经济地理》《滇西边区考察记》《云南农村戏曲史》三种书，"每种各三十六本，共计一百零八本"运送至兴文银行。而到同年 5 月 28 日呈报《越南古史及其民族文化之研究》时，"全书仅印有一百本，分配困难，仅能以十本赠贵行"①。两次赠书数量骤然递减这一变化，可能也是经济困难所致。

云南大学改称国立云南大学以来，尤其是在 20 世纪 40 年代日军轰炸、经济萧条、社会衰败的背景下，艰难发展，仍不忘学术研究的使命。西南文化研究室也在短暂的发展中，切实做出了学术贡献。

纵观西南文化研究室自 1942 年 7 月成立到 1953 年 10 月被云南省民族委员会接管为止，陆陆续续募捐经费，向地方企业再到地方政府、到教育部申请经费，偶有私人捐资，经费问题一直制约着西南文化研究室的学术目标的实现。但在如此艰难的情境下，尚且编印了刊物《云南大学学报》一期，出版了"西南研究丛书"十种等等，实为可贵。

① 《国立云南大学西南文化研究室关于送提前出版各书给云南兴文银行的函》(1944 年 5 月 29 日)，云南省档案馆藏。

成果之一：编印《云南大学学报》第一类第二号

《云南大学学报》是云南大学的重要刊物，是熊庆来管理学校的方式之一——“培养研究风气”，旨在培养师生的学术能力和鼓励师生进行学术研究。

《云南大学学报》编辑委员会成立于1938年，分为“文史版”（即“第一类”）和“数理版”（即“第二类”）。1939年4月出版了《国立云南大学学报》第一类第一号，收录了冯友兰的《原杂家》、张荫麟的《陆学发微》、刘朝阳的《左传于三正》、李家瑞的《苏汉臣〈五花爨弄图〉说》、吴晗的《元明两代之匠户》，以及方国瑜的《王仁昫刊谬缺跋》。该

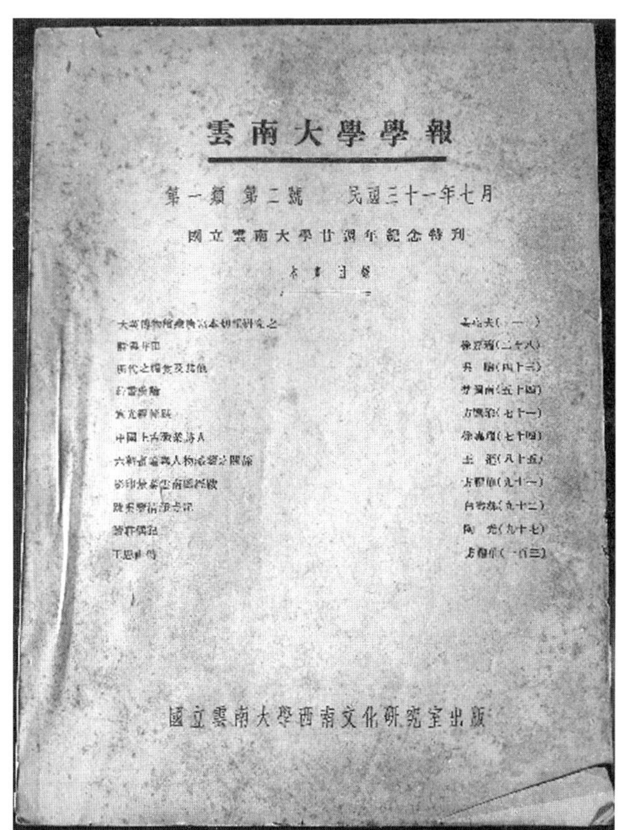

《云南大学学报》第一类第二号，是国立云南大学廿周年纪念特刊之一

刊物的特色是传统历史文化研究鲜明。而“数理版”主要刊登理化类的研究，“本学报专载有创获性及其他研究论文”。其中第二类第一号，就刊登了擅长数学研究的陈省身、王世魁，物理研究学者赵忠尧，以及傅承义、李国平、赵鹰来、闻宥、林同济等人的文章，均翻译成英文版刊布。此外，也刊登了华罗庚、熊庆来、庄圻泰等人的文章。

关于《云南大学学报》第一类第二号的编辑，起于1942年3月20日熊庆来聘徐嘉瑞、姜亮夫、楚图南、白寿彝为《云南大学学报》（第一种）编辑委员会成员，其中徐嘉瑞为主任，从事编辑工作。1942年7月，国立云南大学西南文化研究室出版了第一类第二号，是“国立云南大学廿周年纪念特刊”。封面署“国立云南大学西南文化研究室”出版字样。

1942年12月18日熊庆来致函陆崇仁言及该年底已经出版学报一种，应该就是《云南大学学报》第一类第二号。

此期学报“专载有创获性之科学及其他研究论文”，其主要文章如下表：

《云南大学学报》第一类第二号文章简表

作者	文章名
姜亮夫	《大英博物馆藏唐写本切音研究之一》
徐嘉瑞	《诗与井田》
吴晗	《明代之粮长及其他》
楚图南	《纬书导论》
方国瑜	《宣光经幢跋》
徐嘉瑞	《中国上古职业诗人》
王逊	《六朝画论与人物识鉴之关系》
方树梅	《影印景泰云南图经跋》
白寿彝	《跋吴鉴清净寺记》
陶光	《读庄偶记》
方树梅	《王思训传》

由上表可以看出，此期学报文章主要聚焦于中国传统历史与文化的研

究。姜亮夫研究大英博物馆藏唐写本的切音问题，从“叙录”“研究”“本卷成书时代之推测”逐步深入研究，包括权属字数之推算、韵部、反切、论本卷新加字、别论。以文化史研究见长的徐嘉瑞，聚焦上古诗词与土地问题。明史研究专家吴晗，研究明代米价、小地主之生活、佃户、粮长、田价、徒民垦田、户帖、户口、明初之大地主问题。楚图南的《纬书导论》，分别考察纬书思想的历时性特点、先秦时期沉淀民间、两汉时期该思想为士大夫所信仰，以及该思想的凝化、圣化等。

以搜集云南地方文献为己任，“嗜庋藏吾滇方志”的方树梅，徐徐道来民国时期学人之间交谊，“浙江朱边先，江苏任振采，尝委代为搜访，而余亦以滇中未见者转相托。于是振采以晒印其所藏李中溪《云南通志》，边先以□钞北平图书馆藏陈安简《云南图经》应之”，于是刊登《影印景泰云南图经跋》，以飨学术界。方国瑜在《宣光经幢跋》中说道：“民国二十七年，北平学术团体多搬迁至昆明，姚从吾、吴辰伯、陈玉书诸先生亦先后来集，偶假寻访古迹，饶有兴味。乃觅工遍拓元明碑刻，获数十种。”正是在这样的找寻工作中，在护国门找到经幢一座，方国瑜请云南大学存入校中予以保护，并最终写下《宣光经幢跋》。我们可以由此窥见北方学者迁来昆明后，昆明一地学术界的往来交谊情况。

从作者群体来分析的话，姜亮夫、徐嘉瑞、楚图南、方国瑜、方树梅、白寿彝是西南文化研究室的主要研究人员；吴晗是抗战全面爆发后应熊庆来的邀请教学云南大学的教授；王逊是随着高校南迁来到昆明的学人，1941 年至 1946 年间先后在云南大学文史系、西南联合大学哲学系任教；陶光也是抗战时期在昆明任教。可观之《云南大学学报》偏重于对中国传统文化的研究，同时以昆明各高校学者为作者主力。

西南文化研究室牛刀小试出版的《云南大学学报》第一类第二号，内容以传统文化研究为主，也兼及云南书籍、人物的研究。而“西南研究丛书”则切实地践行了该室的研究理念。

著书飨世：出版“西南研究丛书”

西南文化研究室成立以后，方国瑜任主任，聘请大批著名学人，陆续出版了“西南研究丛书”。

出版图书是该室的主要工作。1942 年计划进行编纂《二十四史云南文献辑录》和《滇人著述书目》二种，翻译《缅甸史》一种，征集研究员著述若干种，计划可以进行专刊五种及学报一种，具体是张印堂的《滇西经济地理》、徐嘉瑞的《云南农村戏曲史》、方国瑜的《滇西边区考察记》、李田意等翻译的《缅甸史纲》及研究室编的《二十四史云南文献辑录》。1944 年已经出版的书籍有前述《滇西经济地理》《滇西边区考察记》《云南农村戏曲史》和《越南古史及其民族文化之研究》四种，正在印刷的有《明清滇人著述书目》和翻译本《缅甸史纲》，而准备付印的有翻译本《印度美术史》《暹罗史》两种。

但最终出版和目前所能见到的只有“西南研究丛书”十种，具体书目信息如下表：

国立云南大学西南文化研究室“西南研究丛书”简表

作者和书名	主要内容	出版信息和丛书种类
张印堂（著）《滇西经济地理》	共八章，分别是：调查之路线与范围、沿线经济发展的地理基础、滇缅铁路在启发滇西经济事业上的重要、滇缅铁路在我国国际交通上所占地位之重要、沿线经济发展之现状及其展望、沿线的经济中心区、滇缅铁路沿线与滇缅沿边的问题、结论	1943 年 7 月，第一种，国立云南大学西南文化研究室发行，云南印刷局印刷
方国瑜（著）《滇西边区考察记》	收录《班洪风土记》《炉房银厂故实录》《卡瓦山闻见记》《滇缅南段界务管见》《裸黑山旅行记》《摆夷地琐记》	1943 年 7 月，第二种，国立云南大学西南文化研究室发行，云南印刷局印刷
徐嘉瑞（著）《云南农村戏曲史》	共七章，分别是导论、云南农村戏曲第一部（旧灯剧）、旧灯剧的内容、云南农村戏曲第二部（新灯剧）、新灯剧的内容和来源、云南农村戏曲中的方言、结论	1943 年 7 月，第三种，国立云南大学西南文化研究室发行，云南印刷局印刷

续 表

作者和书名	主要内容	出版信息和丛书种类
方树梅（撰）《明清滇人著述书目》	经部第一、史部第二、子部第三、集部第四	1944年12月，第四种，国立云南大学西南文化研究室发行，云南印刷局印刷
李田意、叶柽、曹鸿昭（译）《缅甸史纲》	共九章，分别是一〇四四年以前之缅甸，蒲甘王朝、或寺庙建筑时期（一〇四四——一二八七），掸族领域（一六八七——一五三一）、阿瓦王国（一二八七——一五五五）、庇古王国（一二八七——一五三九）、洞吾王国（一二八〇——一五三一），一五〇〇年前之一般状况，海外大发现，阿拉干王朝，洞吾王朝（一五三一——一七五二），阿郎帕亚王朝（一七五二——一八八五），缅甸的行政	1944年12月，第五种，国立云南大学西南文化研究室发行，国立云南大学出版组印刷
陈修和（著）《越南古史及其民族文化之研究》	第一编越南古代历史，共三章，为中国载籍所记之越南古代历史、越人所编之越南古代历史、越南古史之讨论；第二编越南之民族，共三章，为越南民族分布之现状、越人之来源、越南民族兴衰之经过；第三编越南之文化，共三章，为越南古代文化之分析、郡县时期与藩属时期、越南亡国后之概况；结论	1943年12月，第六种，国立云南大学西南文化研究室发行，云南印刷局印刷
张镜秋（译注）《僰民唱词集》	共五部分：伊腊诃歌、香赧小姐的恋歌、打洛土司小赕前夕夜宴欢唱三首、天王松帕敏奇遇唱词译、附录	1946年8月，第七种，国立云南大学西南文化研究室发行，云南印刷局印刷

续 表

作者和书名	主要内容	出版信息和丛书种类
李拂一（译）《泐史》	分为三卷：上卷（公元一一八〇至一五三〇年）、中卷（公元一五三〇至一八六四年）、下卷，以及附录	1947 年 2 月，第八种，文建书局发行，云南鼎新印刷厂印刷
李拂一（撰）《车里宣慰世系考订》	分两部分：车里宣慰世系考订、歹仂文车里宣慰世系	1947 年 4 月，第九种，文建书局发行，崇文印书馆印刷
徐嘉瑞（著）《大理古代文化史》	共四章，分别是史前期、邃谷期、南诏期、段氏期	1949 年 7 月，第十种，国立云南大学西南文化研究室发行，国立云南大学出版组印刷

由上表可以看到，该丛书一是作者群体或通过著书、翻译或撰写有关西南地区的地理、文化、历史的书籍，并关注缅甸、越南等国家；二是出版的书籍与原计划出版的书籍有出入，《明清滇人著述书目》《缅甸史纲》原作该丛书第四、五种，但却迟于第六种《越南古史及其民族文化之研究》出版；三是 1942 年 7 月成立的西南文化研究室，在 1943 年和 1944 年是其历史进程的鼎盛时期，出版丛书六种，而 1945 年到 1949 年陆续完结了其余四种。从西南文化研究室出版的文化丛书，可以窥见其研究目标的具体实践、发展历程。

该丛书是 20 世纪 40 年代云南学术发展的一个缩影，研究以宏观与微观相结合、实地调查与文献资料相结合，成果丰富，富有创见。

1938 年，为了运输抗战物资，云南省政府准备修建滇缅铁路。社会上就滇缅铁路南段的修建形成“南线”与“北线”的争论，支持“北线”者“根据过去滇缅间交通之历史与现在贸易关系”为立论关键，支持“南线”者则依据“施工之难易与未来之发展”[①]。为了解铁路沿线具体情形，1939 年秋天，在国立清华大学的梅贻琦校长资助经费、经济部长翁文灏介绍，以及滇缅铁路局的支持下，地理学研究出身的张印堂于休假期间，带着助理邹新垓与资源委员会人员合作调查滇缅铁路沿线经济地理。

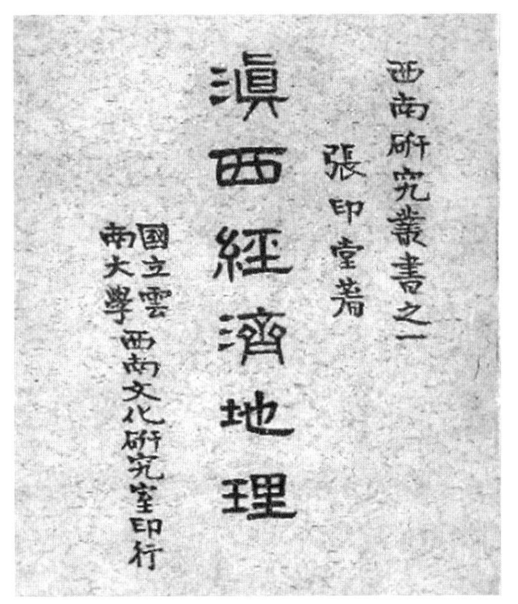

张印堂所著《滇西经济地理》

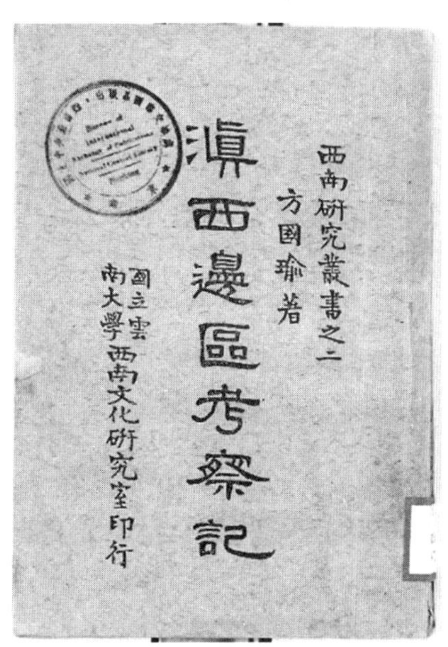

方国瑜所著《滇西边区考察记》

1940 年 3 月调查完毕返回昆明，张印堂将调查所得编写成书，即《滇西经济地理》。该书的内容如上述共八章，通过考察，张印堂认为铁路沿线农产基础富厚；盐、铅、煤、铁等矿藏蕴藏丰富；有榨油、制茶、煤矿等工业的发展基础；有“南出仰光，以通海外，北接金沙，以达内地”的交通优势。展望滇缅铁路修建之后的社会效益，“西南边防，赖以巩固；内地富源，藉资开发；占时固为国际交通之命脉，然后亦为对外贸易之枢

① 张印堂：《滇西经济地理》，国立云南大学西南文化研究室，1943 年 7 月，第 1 页。

纽。并可藉交通之便利，提高边地之文化，消除民族间之隔阂”①。

《滇西边区考察记》是上文提到的方国瑜应尹明德邀请参加中英会勘滇缅南段未定界，经过实地考察而写就的记录。方国瑜于1935年10月30日启程，坐上汽车来到禄丰，先后经过滇西地区的孟定、班洪、耿马、冈猛、猛角等地，最终于1936年6月20日返昆。

在实地考察中，方国瑜密切关注滇西地区的社会热点问题。针对当时报纸、杂志等传播媒介争相报道的“班洪问题”，方国瑜试图呈现班洪社会状况；辑录历代文献和时人的调查中关于界线中最有价值的炉房银厂区域的文献；记载卡瓦山、裸黑山的见闻以补现有文献的不足。他通过实地考察提出了“滇缅南段界务管见”，记载摆夷地的自然和社会，论证时人对摆夷地区划分的讹误之处，认为：“今滇边民族中，以摆夷文化程度为最高，智慧不让汉人，且性和平，粗具政治组织，所居多肥沃之区，为开发边境计，扶植其文化，开发其利源，纳于正轨，此为急务。”② 这使得“西南研究丛书”具有很强的社会关怀。

教授中国文学史、以研究云南民间文学见长的徐嘉瑞，在云南大学教学期间，不断实地考察收集昆明地区的戏曲。从1942年开始，他在滇池旁边“不容旋马”的小屋中尺寸见方的书桌上整理搜集来的资料，开始了《云南农村戏曲史》的写作。当他写就初稿，拿着去请同是研究中国文学史的好友游国恩赠序。游国恩记得那些夕阳西下、百鸟归林的傍晚，徐嘉瑞和妻子一道，提着一壶茶，随身带着笔记本去民间走访、搜集资料的日子；依稀记得年迈的段老爹（段义），静坐在长条凳上，打着节拍高声吟唱着一曲曲传统的调子，梦麟随手记录，时而低头沉思，时而和段老爹交谈。为了写成新、旧农村戏剧曲调的工尺谱，徐嘉瑞邀请琵琶国手李延松多次对段老爹进行采访。正是这样的“用力之勤用心之苟”，他才写就了这本戏曲史。

① 张印堂：《滇西经济地理》，国立云南大学西南文化研究室，1943年7月，第148页。

② 方国瑜：《摆夷地琐记》，载方国瑜《滇西边区考察记》，国立云南大学西南文化研究室，1943年7月，第1页。

徐嘉瑞所著《云南农村戏曲史》

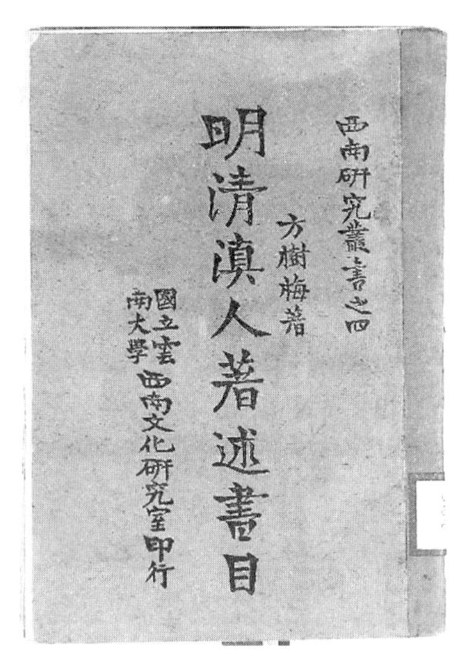

方树梅所著《明清滇人著述书目》

徐嘉瑞认为，戏曲“反映着真实的单纯的农民生活和真诚的、洁白的农民的情感”，对于研究西南文化的朋友们，阅览此书“可以看出云南民间歌谣、戏曲的来源和散布，可以考察出许多言语、风俗的特质，因此可以看见中原文化在金元明时期流入云南的线索”。

以研究和搜集云南文献为己任的方树梅，在 1931 年云南通志馆正式成立以后，被聘为编审干事，负责其中的“艺文”部分。在逐年的搜访文献和大量阅读的基础上，方树梅将通志中艺文考的明代和清代滇籍人士的著述，辑录成《明清滇人著述书目》，搜集已有文献关于云南人的著述，仿照《四库全书》的“经史子集”体例，辑录明清两朝云南籍人士的著述情况，包括书名、作者籍贯、大致经历、文献的著录情况。这是研究云南明清历史的治学门径，可考察滇省文化兴起的历史。

这只是方树梅搜集、辑录的云南文献之一小部分，因为其致力于云南文献的搜集，留下了大量研究云南地方史的文献。

李田意、叶柽、曹鸿昭曾供职于西南联合大学文学院外国语文学系。最初李田意是西南文化研究室的特约编辑员，叶柽毕业于北京大学和西南联合大学，曹鸿昭毕业于南开大学和哥伦比亚大学，从事翻译。三人合作翻译了的 G. E. Hatvey 的《缅甸史纲》。

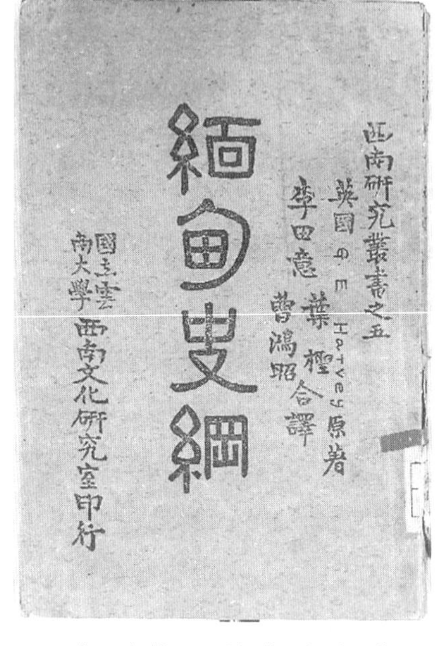

李田意等翻译的《缅甸史纲》

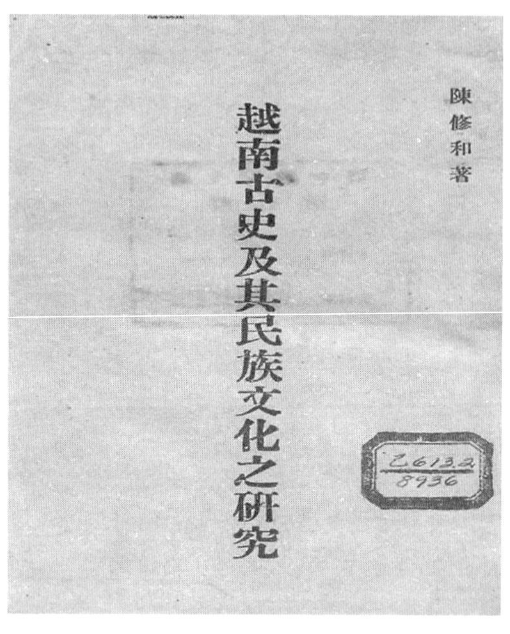

陈修和所著《越南古史及其民族文化之研究》

陈修和（1897—），四川乐至人，陈毅的胞兄。毕业于法国高等兵工学校造兵工程师科，后任军政部军工署专员、兵工署驻越南办事处处长等职。

1937 年卢沟桥事变以后，陈修和前往越南调查国际交通线，经过越南谅山的时候，看见当地民众的面貌、服饰、村落、耕地，了解到他们的文字、宗教，都与他的家乡四川类似，更让他惊讶的是，越南人所制作的银饰器皿的精致程度、品质形式都与成都所见者不相上下，北圻居然还有巴蜀地区特有的蔬菜、牲畜。这一系列的社会情况给他留下了深刻的印象和深深的疑问——“蜀越相去二千里，今隔滇省，越岂古蜀之邻郡耶？何其相似之多也！”[①] 1940 年秋战火蔓延到越南，陈修和经过越南西贡、柬埔

① 陈修和：《越南古史及其民族文化之研究》，国立云南大学西南文化研究室，1943 年 12 月，第 1 页。

寨，见各地越南人的生活方式、风俗习惯，与西南各省类似。进而想要解答他内心多年的疑惑：越南的民族文化的发展历程，内在核心是什么？于是自 1942 年开始，他着手辑录古今中外中越记载、法人译著、证诸实物，参以见闻，撰写《越南古史及其民族文化之研究》，研究从远古至近代的越南民族文化。

多年以后，他再次回忆在越南的见闻：

> 1937 年到 1946 年中，我曾到过越南全国各地，从城市到农村，从河内到西贡，触目可见纯粹汉文的碑匾对联，所有儒、释、道三教的庙宇，都与我国各省汉族庙宇一样。尽管在法殖民者统治了六十多年之后，又改用拼音字母代替汉文，但胡志明主席这一代人，仍有很高的汉文文学水平。①

可见这段经历给他留下的深刻印象。这本他亲身经历、实地调查而写作的书籍，具有强烈的现实关怀。

张镜秋（1903—1998），字炯鉴，云南昆明人。毕业于昆明县立师范学校，考入东陆大学。1940 年随李拂一前往佛海，或任督学，或任秘书。繁重的工作之外，他认真学习当地的文字，但经济拮据，经常“并日而食”，生活非常困苦。唯独醉心于采访搜集佛海一带的民间唱词。1944 年因远在昆明家中的老母亲、妻子、儿女生活艰难，不得不自佛海归家。一路上骑着李拂一所赠马匹，骑行一段又走一段，让马休息也给他自己调节的时间。当行走到车里县的小勐养时，在水塘边上遭遇了水蛭的攻击，至此抱病而行。一路上凭借好友赠送衣服或路费，终于抵达昆明。

回顾这一行的四年时光，朴素、丰富、多样的民族生活给他留下了深刻印象。1941 年新历元旦这天，他和佛海县政府的翻译员勐海人张荣邦和警察马永进一行三人出发去滇缅接壤的打洛的缅寺参加“小赕”仪式和调查唱词情况，在《打洛土司小赕前夕夜宴欢唱三首》中记载下了珍贵的民

① 陈修和：《入越受降的片段回忆》，《文史资料选辑》增刊第二辑，中国文史出版社 1987 年版，第 148－149 页。

族文化记忆。

张镜秋将收集的佛海、车里一带的民族歌谣、唱词收集整理为《僰民唱词集》一书。方国瑜等人于1946年8月将其付梓，“以见云南文化来源之广”。

在经济上支持张镜秋的李拂一，也是西南文化研究室的成员。1923年来到佛海、车里一带的李拂一，在岳父柯树勋的影响下，致力于研究西双版纳的社会发展。他通过不断走访、搜集相关的民族文献，整理出版了关于西双版纳地区的书籍《车里》《泐史》《车里宣慰世系考订》《十二版纳志》等。

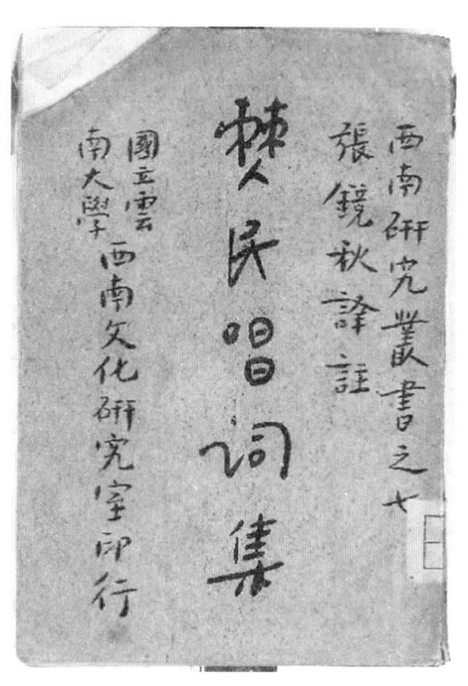

张镜秋译注的《僰民唱词集》

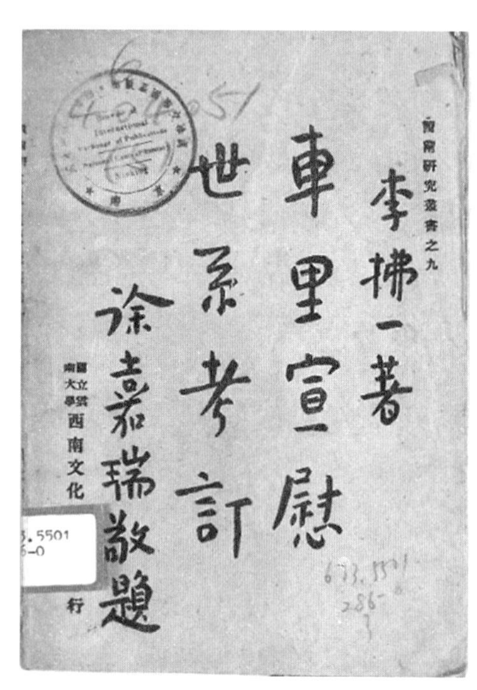

李拂一所著《车里宣慰世系考订》

1923年李拂一到达十二版纳（现西双版纳）时，初次听闻翻译为《泐史》的书籍是他们的国史。在与当地人的交往中，在土司刀宗汉那里有幸阅读了中卷和下卷，1940年在孟艮一摆夷人家偶获上卷，喜出望外的李拂一将这些辑录、抄写来的十二版纳重要史地资料，在战火中运往思茅先暂存起来。与此同时，1933年李拂一曾草草翻译《歹仂文车里宣慰世系》，因当时可资考证、翻译的善本无多，只能基于以上在孟连、缅甸孟艮，以及老挝等地搜罗到的土邦原文文献进行考订工作。1944 年修订工作提上议程，最终出版《车里宣慰世系考订》。

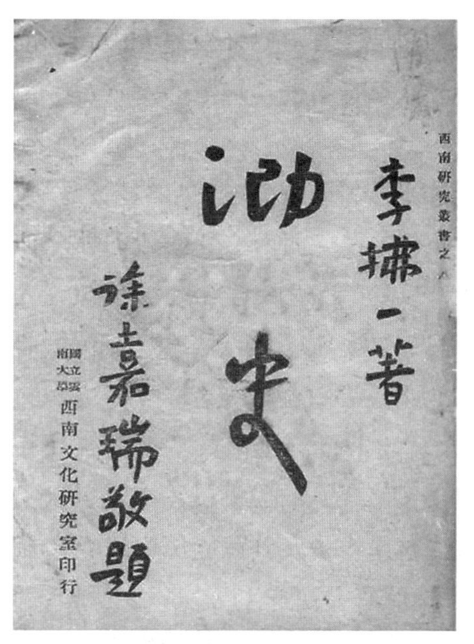

李拂一所著《泐史》

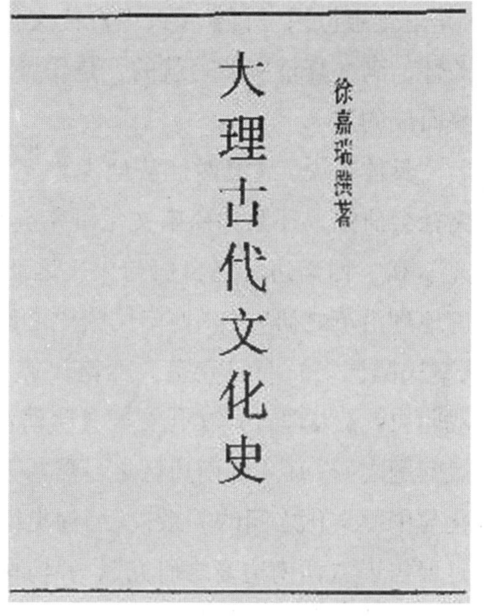

徐嘉瑞所著《大理古代文化史》

1944 年在陪都重庆的一场书画展览上，展出了大理国画师张胜温的梵画长卷，因其精致的描绘、鎏金的色彩，与中原文化中的绘画风格相似，一时引发了一个“中原文化何时入滇”的学术讨论问题。同年大理县修县志，身为大理人的徐嘉瑞受托邀请当时西南联大、云南大学、华中大学的教授参与其中。他本人也亲自调查、搜集史料，带着弟子缪鸾和在苍山、洱海间寻访古碑、游迹残垣断壁、访问故老、查阅史料，最终写就了以研究大理为主的西南大部分地区和部分西北地区，包括西藏、青海、西康、甘肃、云南等省“高三千尺广七八十万方里的区域以内的文化历史等，和将近一千多年的文化现象”的《大理古代文化史》。

徐嘉瑞认为：“研究大理文化及其历史，不能限于今之大理，故当扩大眼界，凡与大理文化直接有关之区域，皆当加以探求，盖文化本非孤立的也。”所以该书所研究的不只局限于当时的大理区域，而是包括与大理文化有关的区域，而对广义大理文化的追本溯源，也在尝试回答中原文化入滇的问题。

上述丛书中经过实地考察写就的《滇西经济地理》《滇西边区考察记》《云南农村戏曲史》《越南古史及其民族历史研究》《僰民唱词集》《泐史》《车里宣慰世系考订》《大理古代文化史》，是作者对研究对象充满真切的关怀，满怀真情实感写就的，是作者基于研究的热爱和一定的学术水平编纂而成的。

具体来说，《滇西经济地理》不仅聚焦滇缅铁路沿线的自然地理、人文社会研究，还紧扣西南文化研究室的研究内容“西南文化一般问题之研究”和“西南边区之自然与人文之研究”；《滇西边区考察记》紧扣“西南地理沿革之研究”“西南民族史之研究”，《泐史》《车里宣慰世系考订》《僰民唱词集》与研究室“西南民族史之研究”内容相契合；《云南农村戏曲史》《大理古代文化史》《明清滇人著述书目》则涉及“西南文化一般问题之研究”“西南边区之自然与人文之研究”，前二书试图探索云南文化与中原文化之间的关系；《缅甸史纲》《越南古史及其民族历史研究》则是聚焦于“西南边裔之研究”，具有国际性的研究视野。

此外，《滇西经济地理》《滇西边区考察记》都具有很强的现实性，都是为现实需要而进行实地考察。

综上，研究室的“西南研究丛书”，其一，书籍写作方式各种各样，通过实地考察撰写的考察记和地方经济地理类书籍、编纂书目和考订世系、民族语著作文献及邻近国家历史研究的外文著述的翻译和注释，可见学人学术有专攻，既注重历史文化也注重现实关怀；其二，书籍内容丰富，从云南地方民族文化、经济社会问题到邻近的越南、缅甸、印度、暹罗的历史，既注重云南地方史研究中历史与文化，又有国际视野，这与当时云南成为抗战前线，邻近国家的安全对云南的重要性密切相关；其三，丛书的出版基于研究室同人已有研究，甚至是成熟的研究著作基础，但与研究室旨趣和内容高度契合，说明当时社会对西南边疆研究的关注，已经是学术界的常态，西南边疆与国家现实需要、社会民生紧密相关；其四，从书籍编纂、出版与社会之间关系的考察，可以更好地理解“西南研究丛书”。

“西南研究丛书”的出版，还需要经过官方的审查——云南省图书杂志审查处的审查。这也是影响出版计划顺利进行的制约因素之一。

云南省图书杂志审查处的前身是1938年成立的专门管理图书杂志出版发行的云南省图书杂志审查委员会，1941年4月21日宣告改组成立，直接隶属于“中央图书杂志审查委员会”，受云南省政府的监督，处长是陈保泰。其工作主要是审查书稿，检查出版社、印刷所，制发许可证等。

1943年1月16日云南省图书杂志审查处以“《滇西经济地理》及《滇西边区考察记》二书，涉及民族问题及国际政治问题，《云南农村戏曲史》一书，属于戏剧性质，不在免审之列，仍应依法送审，所请免审一节，碍难照准”函复[①]，要求研究室送审书籍。

西南文化研究室暂别历史舞台

西南文化研究室的设立、组织和人员构成，以云南大学校内的学者为主力，同时聘请校外人员。它的设置也深受当时社会发展和国家边疆治理的影响，在出版《云南大学学报》第一类第二号和“西南研究丛书”后，西南文化研究室的经费已捉襟见肘。抗战胜利后，随着机构、学人的北还，给西南文化研究室带来了人员缺乏等影响，不得不作出调整，甚至不得不结束历史进程。

抗战胜利大批学者北上复员时，熊庆来校长根据时局作出调整计划。拟将西南文化研究室与西南社会研究室合并，扩建为西南文化社会研究室。制定拟聘请北京大学、清华大学和燕京大学的教授参与其中的新计划。1946年2月致函三校，希望能够继续开展合作，“为使研究工作不致中断，使边疆教育得以维持，特拟订一合作办法。即将本校旧日之西南文化研究室及西南社会研究室合并扩充为‘西南文化社会研究室’，拟设讲座或导师若干人，聘请贵校历史、社会、国文等系教授担任，同时兼任敝

① 《云南省图书杂志审查处关于云南大学西南文化研究室出专刊应依法送审一案给国立云南大学的公函》，云南省档案馆藏。

校教授……俾边疆文化、教育工作得及希发展，不致停顿”[①]。这是熊校长为之进行过的努力，然而没有收到回复。在接下来的时间，云南大学也在不断调整院系。

直到1953年9月22日，云南省人民政府民族事务委员会致函云南大学：“我会为了便于研究我省民族问题，拟搜集有关的书籍和材料，并曾与你校方国瑜教授联系，拟请你校考虑将西南文化研究室所存的书籍和资料卷宗等拨给我会保管应用。”随即云南大学回复：“请方国瑜先生提出意见（最好先与中文、历史、社会三系联系），以凭函复。”

同年10月10日，方国瑜提出以下意见，请学校决定后指示。

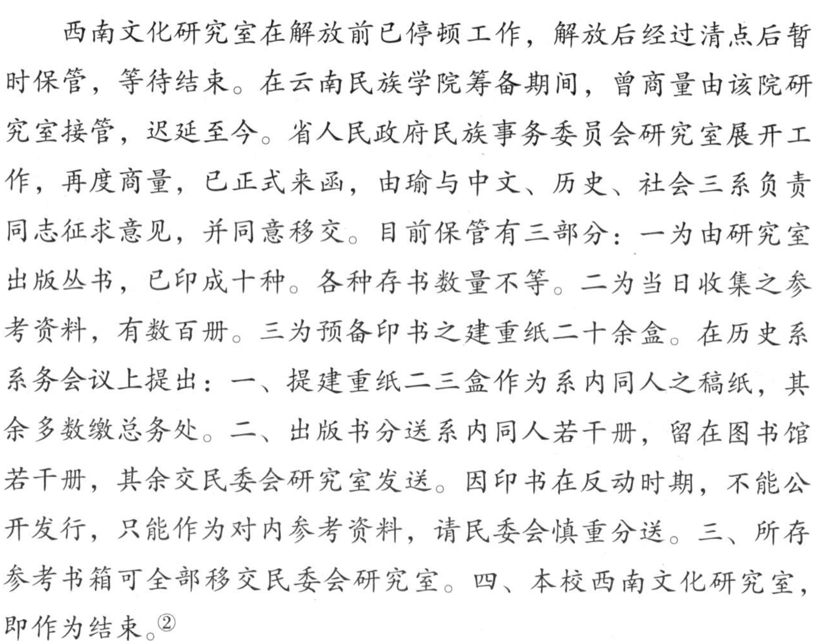

> 西南文化研究室在解放前已停顿工作，解放后经过清点后暂时保管，等待结束。在云南民族学院筹备期间，曾商量由该院研究室接管，迟延至今。省人民政府民族事务委员会研究室展开工作，再度商量，已正式来函，由瑜与中文、历史、社会三系负责同志征求意见，并同意移交。目前保管有三部分：一为由研究室出版丛书，已印成十种。各种存书数量不等。二为当日收集之参考资料，有数百册。三为预备印书之建重纸二十余盒。在历史系系务会议上提出：一、提建重纸二三盒作为系内同人之稿纸，其余多数缴总务处。二、出版书分送系内同人若干册，留在图书馆若干册，其余交民委会研究室发送。因印书在反动时期，不能公开发行，只能作为对内参考资料，请民委会慎重分送。三、所存参考书箱可全部移交民委会研究室。四、本校西南文化研究室，即作为结束。[②]

10月13日教务处草拟处理意见。第一是关于西南文化研究室移交的问题：“我校对兄弟民族研究，目前并未停止，将来亦为发展目标，西南

---

① 《为合作办理西南文化研究室聘请教授事致函北京清华燕京等大学》（1946年2月11日），云南省档案馆藏。

② 云南大学档案馆藏《1953年度历史系教学工作计划总结（西南文化研究室资料移交事）》。

文化研究室既是学校内部研究机构之一，目前□未工作，似有取消之必要，更不必移交给其他机关。”即不同意移交西南文化研究室。

而对于方国瑜所提书籍和资料的处理意见，细分为三种情况回复：

> ①该室编印之书籍，有存数百数册者，有仅存十数册者，除每种提出三册送图（书馆）编目供借阅外，分送有关教课教师各一册，存数较多之书，亦可应历史系教师之要求，每人送给一册，其余全体移送（非移交）民委会办理。历史系学生要求每人给一册，不能同意。
>
> ②其他有关书籍及资料，整理后移交图（书馆）供我校教课参考用。
>
> ③所存建重纸二十余盒，既属学校财产，即应尽数交总务处。历史系系务会议，决抽出二三盒印成稿纸供系内同人用，有此公私不分，是否可行，请决定。

但学校层面最终的意见是：按①函复省民委会。而将剩余建重纸作系内同人草稿纸一事，“仍以移交总务处为合法”。对于历史系学生的要求人手一本研究室丛书的要求，批示“学校已决定学生不能分用”。

10 月 14 日，云南大学致函民委会：“我校西南文化研究室所编印的书籍，除有关系科对研究方面必需参考留用外，其余全数送交你会。”

自 1942 年 7 月西南文化研究室正式设立，到 1953 年 10 月被云南省人民政府民族事务委员会接管，作为云南大学的附属学术机构，其成员在学术关怀社会现实的旨趣之下，出版大量学术成果——《云南大学学报》第一类第二号和“西南研究丛书”，这些都是研究西南边疆、社会、历史、文化以及缅甸、越南等国历史、文化的重要史料。

这短暂的十二年，1942 年到 1944 年是该室成就显著的辉煌时期，出版《滇西经济地理》《滇西边区考察记》《云南农村戏曲史》《越南古史及其民族文化之研究》《明清滇人著述书目》和《缅甸史纲要》，成立三年就出版六种书籍和一期刊物，在此后，由于抗战胜利后机构大量北迁，1946 年到 1949 年陆续出版其余书籍。这是当时的学术环境使然。虽熊校

长为使其继续肩负学术使命而努力想过各种办法，但仍旧没能阻止西南文化研究室的落幕。

1953 年 10 月，云南省民族事务委员会接管了西南文化研究室的部分图书资料，西南文化研究室历史已告终结，完成了历史使命。但参与该室的学人在不断的学术锻炼中，奠定了深厚的学识、理论、史料基础，研究室出版的书籍大部分留在云南大学图书馆，奠定了研究西南边疆的史料基础，对云南大学的云南地方史研究、西南民族史研究、西南边疆研究乃至南亚、东南亚世界史研究的基础，产生了深远影响，延续了其学术使命。

四、学术生命：国立云南大学西南文化研究室与云大史学

20世纪40年代的“西南民族历史文化研究中心”

（一）工作计划中的“西南民族历史文化研究中心”

晚年方国瑜回忆的西南文化研究室的学术贡献时说道：“在同人的协力合作之下，先后还编印了‘西南研究丛书’十种……研究室一时成为西南民族史文化研究中心。”①

西南文化研究室的主要人员是各研究领域的专家，这些专家具有不同的研究背景，很多成员兼具校内职务，姜亮夫是文法学院院长，徐嘉瑞是文史系主任，楚图南、方国瑜、白寿彝、陶秋英、缪鸾和都是文史系的教职员；费孝通来自社会学系，俞德浚是生物系和农学院的兼职教师。各系之间的互相合作，研究方法的相互借鉴、融会贯通，对完成研究室的计划有一定积极的作用。还有大批来自西南联合大学、云南省通志馆、一得测候所、大理中学、东方语文学校等省内研究机构、高校的研究人员，以及四川南溪、璧山，贵阳的贵州文献征集馆等省外机构的研究者。正是同人各自擅长的研究取径奠定了西南文化研究室的研究特色。

西南文化研究室的设置旨趣是对西南文化作系统研究，包括历史研究、实地调查，甚至与西南边疆有密切联系的周边国家的文字翻译工作等，担负起研究西南文化的使命。研究项目紧紧围绕西南地区的开发、移民、地理沿革、宗教、民族、社会问题，以及边区地理环境调查、民众教育等边疆研究问题，具有时空纵横的特点。

---

① 傅于尧：《学问道德　风范永存——记方国瑜对熊庆来的深切怀念》，《思想战线》1993年第2期。

西南文化研究室的工作计划具有与时俱进、关怀社会的特点，体现在，一是硬件设备方面。顺应社会阅读转型的需要，通过搜集图书、档册，记录民间传说、故事、神话歌谣，成立图书部，提供阅读场所和阅览服务；搜集古器物与民族用具，成立博物部，供研究和公开展览。这在战时物价上涨的昆明，可解决部分人阅读书籍难的问题。提供公共的阅读、展览空间，形成社会公共空间，奠定西南文化研究中心的实体空间。

二是实地调查。包括考察古迹、古物，进行考古发掘，对现实中民众生活进行考察。20 世纪 40 年代，国民政府对云南展开经济调查，清华大学国情调查研究所对云南进行人口普查，资源委员会对云南各地工业展开调查等，各种调查活动试图呈现云南社会的真正面貌，而西南文化研究室学人对云南的调查聚焦于边疆地区社会，研究边疆少数民族的社会状况，并撰写成书出版，让更多的人了解云南边地社会。

同时，计划通过出版书籍和报刊提供西南文化研究资料、宣传学术观点。出版物具有不同类型，包括校注前人的有关西南文化的著述，翻译著述，单独刊印书目、索引、名词辞典、地图；以集刊形式出版研究的论文；以专刊形式出版汇编成书的论文集；调查、工作报告。

作为一个致力于研究西南文化的学术机构，其中的学人如方国瑜等从旨趣、工作计划到学术成果的宣传等方面，紧紧围绕西南地区的历史、文化来展开工作。这是工作计划中的“西南民族历史文化研究中心”。

（二）学术成果中的“西南民族历史文化研究中心”

在具体的学术关怀和成果方面，西南文化研究室践行了学术使命，出版了众多符合研究旨趣的书籍。

1943 年出版的三种书中，张印堂采用直接观察与广事搜集相结合的调查方式，写就对滇缅铁路沿线经济地理、贸易现状的调查书籍《滇西经济地理》。徐嘉瑞写就研究云南昆明地方文化的《云南农村戏曲史》，雅俗共赏，可晓见风俗文化，其好友同时也是研究室成员的游国恩为其作序，认为该书“议论之审，见解之卓越。又为今日治民俗文学者不可少之书”，“我政府将以开发边陲进而广搜全国各省之风谣而理董之以为治化之基，必以此书为先路之道”。可见第一年所出版的书籍，是紧紧围绕研究室的研究项目和工作计划展开的，是以云南社会研究为对象的。

致力于云南史地之学的方国瑜以学人严格的学术标准要求自己，在1935年参加中英会勘滇缅南段未定界所写的旅行边境日记中详记民族分布、考校史事，后写有表达勘界意见的《滇西边区考察记》，并在书中《卡瓦山闻见记》一文中表明了研究室成立的原因之一，即关于西南研究史料记载多肤浅、不翔实的问题："近数年间，识时之士，或亲至其境，或询之边民，记所见闻刊布者，已不一而足也，然多不实不尽之感。瑜未至边境之先，得于前任所记录之知识甚少，故欲为详实之记录，供诸后人。"可见，方国瑜在实践其学术使命时，关注研究前沿，注重史料的搜集和整理，以弥补西南边疆研究史料之不足。

滇西水摆夷少女

方树梅1944年出版的《明清滇人著述书目》，完全是工作计划中"研究书目、论文索引、地名人名辞典与地图之类，亦分别编纂刊印"的实

践。李田意等人翻译的《缅甸史纲》、陈修和的《越南古史及其民族文化之研究》是地域空间研究中对“安南、缅甸、印度、马来半岛诸境”的关注。而后者还具有现实的学术关怀，陈修和想借助书籍让读者“犹知越南之与吾人关系为何如也”。

张镜秋1946年出版的《僰民唱词集》，研究云南南部佛海一带的语言文化，分析云南语言文化与印度、缅甸、暹罗之间的联系，飨以读者“云南文化来源之广”的阅读指向。1947年出版的李拂一的专著《泐史》《车里宣慰世系考订》，增进了时人对西双版纳的了解。1949年出版的《大理古代文化史》，是徐嘉瑞深受章太炎关于古代文化论述的影响，并运用相关理论研究西南的历史文化而写成的，方国瑜指出该书研究地域空间广泛之因，序该书“以大理为主，而涉及西南全局，即因大理为云南古代文化发展之核心”。

该室出版的书籍是学人本着专业素养、深厚造诣而写成的。方国瑜写序评价李拂一：“居车里三十年，访求掌故，遍历南掌、孟良、景迈、洞吾、阿瓦诸区，亦莫不留心与车里交涉史迹，故于车里史地之学，造诣最深。”认为他的著作“必大有稗（裨）于边史也”。

西南文化研究室践行了学术研究理念，出版了学术著作，是实际上的“西南民族历史文化研究中心”。

（三）时人评价中的“西南民族历史文化研究中心”

西南文化研究室及其成果在当时颇受关注，是西南民族、历史、文化研究的重镇。

1944年《图书季刊》以“国立云南大学西南文化研究室近况”为题报道研究室的研究项目，聚焦在西南边疆地区的开发、移民、地理、民族等方面，梳理已出版的书籍，张印堂的《滇西经济地理》、方国瑜的《滇西边区考察记》、徐嘉瑞的《云南农村戏曲史》、陈修和的《越南古史及其民族文化之研究》，以及正在印刷的方树梅所著的《明清滇人著述书目》、李田意所翻译的《缅甸史纲》，还有准备付梓的《印度佛教美术史》和翻译本《暹罗史》[1]。省内外报刊大张旗鼓地报道西南文化研究室的成立过程、新书广告，通过流通快捷的报刊促进书籍的宣传、流通和阅读。可见该室的研究宗旨，已为学术界所认识。

省内外的报刊同时还刊载对研究室成果的评介。李何林认为《云南农村戏曲史》的文化价值在于“对于活在民间的地方戏加以搜集、记录，并考订其源流与发展。徐嘉瑞先生的这部《云南农村戏曲史》，实在还是一部开创的著作”。因为在该书出版以前，中国的地方性戏曲是没有“史”的。该书在中国地方戏曲史的搜集、整理与研究方面具有开创之功。同时对行将消亡的民间文艺加以搜集记录，探明源流，厘清了曲调的组织结构和曲调，保存了民间地方文化。

1943 年，林超写了《滇西经济地理》的书评，同意张印堂的滇缅铁路沿线地理基础对经济发展和开发滇西、促进国家交通的作用，以及以农作物、经济作物和矿产为中心的经济发展对滇西地区的积极影响的观点。他认为西南国防铁路线研究具有重大意义，“从事滇西及滇南的开发，并设法贯通中缅印的陆路交通，以造成中印交通的新时代”[2]。

当然，也有批评的声音，如 1944 年，《图书季刊》载时人对《云南农村戏曲史》的评介，认为该书所收集的戏曲“只限昆明一地耳”，且叙述论断“未见有何精彩之处”[3]；对《越南古史及其民族文化之研究》的评价，先介绍作者、所属丛书、出版情况、页数等基本情况，次及各部分内容，最后臧否该书“材料分配之不当……文字之欠融贯”，建议命名为“史料丛钞”[4]。但从史料层面来说，二书在一定程度上确实奠定了相关研究的史料基础。

1946 年，罗致平在总结抗战时期人类学发展情况时，认为抗战期间人类学的研究有长足进展。就全国而言，云南大学是人类学研究之地，具体到云南大学而言，国立云南大学创设的社会学系及西南文化研究室是研究

① 《学术界消息：国立云南大学西南文化研究室近况》，《图书季刊》1944 年新第 5 卷第 2－3 期。

② 《评张印堂之〈滇西经济地理〉》，《地理》1942 年第 2 卷第 3 期。

③ 《图书介绍：〈云南农村戏曲史〉》，《图书季刊》1944 年新第 5 卷第 2－3 期。

④ 《图书介绍：〈越南古史及其民族文化之研究〉》，《图书季刊》1944 年新第 5 卷第4 期。

之地，其中方国瑜对卡瓦山的调查便是研究成果之一。“战时出刊之人类学专书较不多得”，方国瑜的《滇西边区考察记》是仅有的成果之一。[①] 可见时人对西南文化研究室的民族学、人类学研究的认可。

无独有偶，1947 年，徐近之在总结我国抗战期间重要的地理工作时，从学术史角度肯定《滇西经济地理》是云南区域经济地理的唯一研究著作，“以当时建筑中滇缅铁路沿线之经济现状与展望为书之核心”，同时肯定张印堂关注铁路沿线与滇缅沿边的气候、人工、居民徙移、民族、未定界政治、语言、国际政治、走私、地名之间直接或间接关系的观点。[②] 可以说，《滇西经济地理》奠定了时人研究西南经济地理的基础。

时人对西南研究丛书的阅读和评价，不管是认可还是批评，都是对研究室的作为西南文化研究中心的一种认可和鼓励。

此外，1945 年熊庆来还专程向教育部推荐《云南农村戏曲史》参加专门著作奖励，熊庆来肯定它“经三四年之采访，整理始成，批评颇有独到之处，不仅关系地方文献，实可补文学史之阙”。这一由西南文化研究室出版的书籍，参加在全国范围内的著作评选活动，对西南文化研究室而言，无疑是一次很好的宣传。

整个研究室的学术研究，从方国瑜等人的苦心经营，设定研究目标，到身体力行、付诸实践，向社会呈现研究成果——创设刊物，出版书籍，再到社会对成果的反馈，这样一个内外联动的学术互动，可以看出西南文化研究室在当时的西南文化研究中的中心作用。

同时作为云南大学的附属机构，西南文化研究室是西南民族历史文化研究的中心。1946 年云南大学已跻身全国名牌大学之列，成为西南地区首屈一指的多学科综合性的高等学府，被英国《不列颠百科全书》列为中国 15 所著名大学之一。云南大学达到前所未有的鼎盛时期，这一成就与其内部的学术研究机构的影响和贡献是密不可分的。

---

① 罗致平：《战时中国人类学》，《社会学讯》1946 年第 1 期。

② 徐近之：《抗战期间我国之重要地理工作》，《地理学报》1947 年第 14 卷第3－4 期。

促进云南大学现代学术的转型

20 世纪 30、40 年代是中国社会的转型时期，学术研究也发生了变化。“中国现代学术创造实绩的拓展和繁荣，是在二十年代后半期和三四十年代”①，而“现代学术研究机构的建立，为学术研究提供了必要的空间，为学术研究者提供了各种物质保障，使现代学术研究逐渐演变为体制化研究，学术研究日趋体制化和建制化”②。作为 20 世纪 40 年代西南民族历史文化研究中心的研究室出版了“西南研究丛书”系列书籍，在当时具有很强的现实作用，不仅体现了对西南及周边国家文化、历史的关注，同时也顺应社会转型中的现代学术转型，尤其是发展了当时传入中国的民族学、人类学。

“西南研究丛书”中张印堂的《滇西经济地理》和方国瑜的《滇西边区考察记》，都是基于实际调查而写就的。这与当时西南文化研究室的具体工作中“民族生活之考察”的调查活动相一致，这也是西南文化研究室成立第一年要做的首要工作。姜亮夫在《国立云南大学西南文化研究室丛书缘起》中说道：“以文献之搜讨及实地考察为重心。”张镜秋也通过“足□黄山采访民间歌谣成《僰民唱词集》一卷”。当时社会上已有民族学、人类学研究，杨成志在 20 世纪 30 年代对川滇地区进行民族调查，写就诸多著述。20 世纪 40 年代在云南最高学府成立的西南文化研究室，将西南文化发展史与民族生活相关问题作为研究重点，既有本土文化关怀，又有现实意义。

西南文化研究室，在十二年间切实完成了部分研究项目，包括西南开发、地理沿革、宗教、民族史，以及边区地理、人民的研究。通过实地（田野）考察，将人类学、民族学最基本的研究方法加以实践，顺应学术发展的需要。

人类学、民族学是民国时期从国外引进来的学术研究分科，引进之初，人们尚不知道其研究方法是否适用于中国社会。西南文化研究室同人通过实践，在第一年以实际调查为重点，出版张印堂、方国瑜经过实地考察后编写

① 刘梦溪：《中国现代学术要略》，生活·读书·新知三联书店 2008 年版，第 123 页。

② 左玉河：《中国近代学术体制之创建》，四川人民出版社 2008 年版，第 308 页。

的书籍，是对民族学、人类学研究理论的吸收和研究方法的实践。在理论和方法方面，研究者们通过实地调查边疆民族地区的社会，写作专门书籍，这可以说奠定了云南大学民族学、人类学研究的史料和理论基础。

奠基：云南地方史研究的史料基础

西南文化研究室成立之初，同人就针对当时学术界对我国西南文化研究不清不楚、囫囵吞枣的现象表示担心。当时国内学人对西南的关注和研究不够，而外国人这方面的研究反而很多，要解决国内的问题，还需要通过阅读外文书籍才能有更多的了解，这样的状况，引发多位学人的思考。西南文化研究室同人的研究，是基于对史料的基本掌握基础之上展开的。

目录学是治学的门径。方树梅的《明清滇人著述书目》是“西南研究丛书”中传统历史学研究的著述。按照经史子集的顺序，著录明清时期滇人的著述，具体著录作者生平、书籍大旨、考辨讹误，并根据各书情况写就书目提要，为学界提供研究西南历史文化的书目，实为西南历史研究的史料搜集的重要参考书。

除治学门径之书外，研究室对云南地方史的研究还通过实地调查、采访的资料做出研究成果。张印堂展开实地调查写就《滇西经济地理》，李拂一待在车里三十年而写成《泐史》《车里宣慰世系考订》，徐嘉瑞经过实地调查和搜集资料写就《云南农村戏曲史》《大理古代文化史》，张镜秋实地走访民族地区写成《僰民唱词集》，方国瑜也通过实地调查、结合原有档案史料写就《滇西边区考察记》。这些书以云南省为对象展开研究，涉及滇缅铁路沿线地区、大理地区古代文化、滇南傣族地区的历史与文化、云南昆明的农村戏曲史资料、僰人的唱词文化、历史上滇人的著作目录，具体内容涉及从古至今的西南历史、文化、民族、边疆以及云南与周边国家的往来研究。

其中《云南农村戏曲史》是云南地方史研究中戏剧文化史研究的重要参考史料。徐嘉瑞认为：“这些戏曲，包含着许多真实的素朴的民间歌谣，反映着艰辛的淳朴的农民生活和真诚的洁白的农民的情感。尤其重要的一点是：现在还生活流行在民间的东西和已经死了的不同：它正在发展，正在变化，正在风行。对于努力通俗化运动的朋友们，可以得到许多参考的资料，对于研究西南文化的朋友们，可以看出云南民间歌谣戏曲的来源和散布，可以考察出许多言语风俗的特质，因此可以看见中原戏曲文化在金元明清时期流入云南的线索。”

而方国瑜就职云南大学之初，就以致力于云南史地之学为治学目标，研究云南地方史尤详。在《滇西边区考察记》中通过实地调查，纠正了当时学术界对班洪、摆夷的错误认识。

在《班洪风土记》中他对“卡瓦山”进行说明：

> 所居之民族曰卡瓦，故称其地为卡瓦山，亦曰葫芦王地；卡瓦之一种曰卡剌，字或作哈剌，葫芦其变音也。葫芦王地有上下之分，刘万胜、石鸿韶，以班洪为上葫芦，班况为下葫芦，余数询之土目，极以其说为非，曰，上下之分，以南坎乌为界，南坎乌以南为下葫芦，其北则为上葫芦。

关于“卡瓦族”，方国瑜则通过调查指出：

> 凡此并名其族，前人不为分别，惟曰有驯卡野卡或生卡熟卡之异；余详询之，此族分类最多，名亦不同；盖交通阻塞，各地亦少往还，故异地而语言稍异，习俗亦殊，于是各地有其族之名称；从其大者而分之，则为卡瓦与卡剌也：卡剌文化程度较高，不杀人头祭谷，信仰佛教；而卡瓦，则较粗野，不信佛，杀取人头以祭谷；此其大较。

在《摆夷地琐记》的“弁言”部分，方国瑜详细说明水摆夷和旱摆夷的差别：

> 摆夷自称曰 tan，有 tan-te、tan-ne 之分，tan-te 即水摆夷，tan-ne 即旱摆夷。前人以水旱二字望文生训，谓水摆夷居水旁，好浴，旱摆夷居山，不浴；此种解释，绝非事实，水旱摆夷之生活，虽其居室衣服有别，然大都一致，好浴亦同也。且在摆夷语

tan-te 之意为下摆夷，tan-ne 之意为上摆夷，以上下分，盖以北方为上，南方为下。

“水摆夷之花”：车里宣慰使的二公主

也说明“耿马”的由来：

> 摆夷语跟随曰跟，马亦曰马。
>
> 以跟马而得斯土，故以跟马名其地，后以跟音与耿同而作耿马。

方国瑜通过实地调查，以当地人的理解为基础，提供的都是记载详尽的、可靠的地方性知识。

徐嘉瑞参加县志修撰工作而写成的《大理古代文化史》，按照历史演进的时间顺序，通过考古资料、历史文献、现存碑碣研究大理地区的语言、民族、宗教、习俗、建筑等文化与中原文化的关系，兼及大理国、南诏国时期的对外交流和与周围地区的关系，既是云南地方的文化研究，又是周边地区的文化研究。

以方国瑜等人组成的西南文化研究室成员的研究成果，实践了研究室的研究旨趣，同时也是研究室成员学术有专攻、济济一堂的体现，奠定了云南地方史研究的重要史料基础。

此外，方国瑜一直致力于研究云南史地之学，在 1942 年文化研究室成立时，研究室同人即有编《二十四史云南文献辑录》的计划。1943 年方国瑜制定休假进修计划，拟定此年往四川搜集滇史资料。

1944 年西南文化研究室的计划中，因“云南本僻在西南，其风俗习惯，尚存古风。有在中原早已消失之重要资料，可供历史上宝贵之参考者，在云南尚可发现”，提倡对云南文献的搜集、整理工作，计划“在短期内，印行较新颖的‘云南文化丛书’十种，以作本省文献之宝库”。这样的资料、学术研究的总结性工作，限于当时的社会环境，最终都付之东流。

但方国瑜编辑出版云南史料的想法，在 1978 年起逐渐成为现实，方国瑜主编了约 800 余万字的 13 卷的《云南史料丛刊》，这套书已成了研究西南历史的重要文献，朱惠荣认为该丛书是“云南出版界的拳头产品，也是云南学术界的大事”，把它评价为“滇史研究的宝库”。

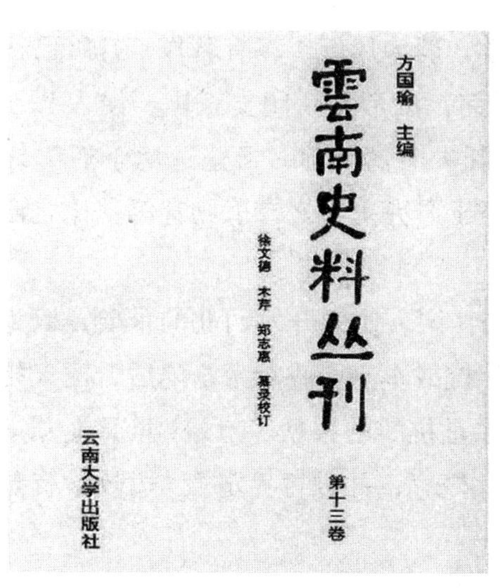

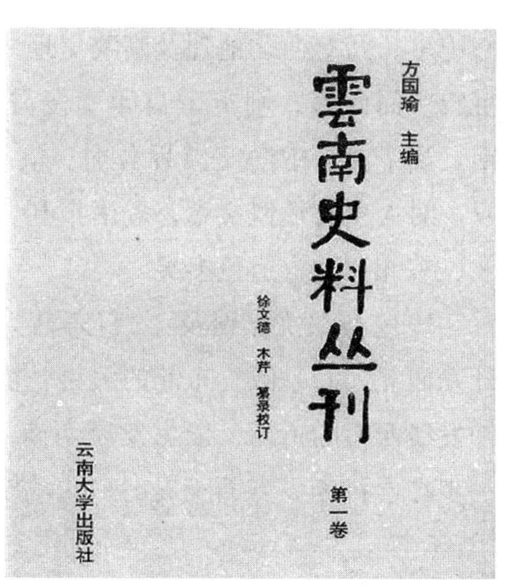

方国瑜主编的《云南史料丛刊》

奠定西南边疆学乃至中国边疆学的研究基础

（一）推动西南边疆学的研究

中国的边疆研究，可溯源至鸦片战争前后被侵略时。边疆危机加重之下，有志之士以救亡图存为目的，研究中国边疆问题，形成中国近代第一次研究边疆的热潮。进入民国时期以来，由于日本的全面侵华战争，引发了以中国边疆国防危机为组成部分的空前严峻的亡国灭种危机，学人注重学术与现实相结合，以呼吁社会对边疆地区的关注、研究，挽救国家危亡。其中西南边疆问题受到社会各界越来越多的重视。

1933 年张凤岐认为："关于西南边疆问题的讨论，除了《新亚细亚》杂志和 1933 最近广州中山大学出版的《西南研究》外，似乎找不出其他刊物来。"① 1934 年郭曙南也呼吁在中国边疆研究中要关注西南边疆："在此开发闹得很起劲的当儿，我们为着中国边疆整个的打算，不得不虑及西南，作一劳永逸之计划。"② 晚年方国瑜先生也写道，近世"因帝国主义侵略，俄、日在北方，英、法在南方，窥我边陲，危及堂奥，有识之士，留心边事，乃有西北地理及满蒙史地之学，蔚为风气，多有著作，打破已往沉寂。而西南，则英帝自印度侵占缅甸，法帝囊括印支三国，侵入我云南。当中英、中法交涉界务时，有'既失藩篱于前，又蹙边境于后'之叹。时人多有愤慨文章，登诸报刊，至于研究史事之专著则甚鲜，比之西北、东北、北方逊色多矣"。

1939 年吴文藻谈及："自东北失陷，国人始知开发西北的重要，以为开发西北，乃是收复东北的关键，前年抗战军兴，我东南沦陷后，国人始知发展西南的迫切，以为发展西南，才是抗战的根据。"1942 年吴文藻进一步在学科创设方面于提出"边政学"概念，并进行界定："边政学就是

---

① 张凤岐：《英法铁蹄下的云南外交问题》，《新亚细亚》第五卷第六期，1933 年 6 月 1 日。

② 郭曙南：《从开发西北说到西南国防》，《边事研究》创刊号，1934 年 12 月 1 日。

研究边疆政治的专门学问。通俗地说，边疆政治就是管理边民的公共事务。用学术语，边政学就是研究关于边疆、民族政治思想、事实、制度及行政的科学。实际推行边政的行政机构，当然是边疆地方政府。所以有时也可以说边疆地方政府，就是边政学所要研究的主要对象。边疆政治是地方政治的一种，系对中央政治而言，凡普通研究政治学的原理原则，其可以应用于研究地方者，亦就可以应用到研究边疆政府上去。"① 这一学科设想的提出，为中国的边疆研究奠定了基础。

20 世纪 40 年代的云南得益于西迁高校和学者的助益，学人们转向研究祖国的西南边疆。在这样的关注和呼吁之下，随着抗战中西南国防地位凸显，国民政府也注重西南边疆的开发与治理。在学术机构方面，逐渐形成了四川华西、川南李庄、云南昆明和贵州贵阳四地的边政学和民族学研究中心。

昆明的国立云南大学文史系以方国瑜为主，组织学人团体，于 1938 年 10 月创刊《西南边疆》，主旨趣在于"以学术研究的立场，把西南边疆的一切介绍于国人，期于抗战建国政策的推行上有所贡献"，并刊登大量关于西南边疆社会的文章。1942 年 7 月设立西南文化研究室，出刊《云南大学学报》第一类第二号，出版"西南研究丛书"十种，从研究方向、学术理论、史料搜集整理等方面，奠定了西南边疆研究的基础。同时研究室成为当时的"西南民族历史文化研究中心"。熊庆来在抗战胜利后回顾省内外学人在西迁期间西南文化社会之调查研究工作时认为："在中国边疆文化史开一研究之新纪元。"方国瑜在不断地研究工作中，提出和逐渐形成"中国历史发展的整体性"理论体系，为以后云南大学的中国边疆学专业奠定了基础，影响深远。

学人对西南边疆研究的关注、西南文化研究室同人的学术研究，在一定程度上改变了中国边疆研究中北强南弱的不平衡格局。正如林超民所评价："《西南边疆》杂志和'西南研究丛书'的出版，是西南边疆研究从滞后走向先进的里程碑，标志着中国西南边疆研究进入一个新的阶段。"②

---

① 吴文藻：《边政学发凡》，《边政公论》，1942 年。

② 林超民：《文章惊天下 道德著春秋——一代宗师方国瑜》，《林超民文集》第二卷，云南人民出版社 2008 年版，第 363、365 页。

（二）促进中国边疆学的发展

西南文化研究室是隶属于云南大学的研究机构，成立之初，其研究空间范围定位于西南，同时立足于云南地接缅甸、越南的地缘因素、历史时期和抗战局势，注重对边疆地区地理环境、资源开发，边区人民的语言、文字、艺术、宗教以及周边国家的历史和现状进行研究。研究旨趣已经从边地民众生活的区域延伸到边疆之外。

1939 年 3 月，第三次全国教育会议通过了边疆教育改进案。教育部令各国立大学根据情况增设“有关建设边疆之科系”。刚改称“国立”的云南大学也在不断完善之中，其中研究室在人员组成和人才培养方面，具备机构的学科雏形。该室主要负责人——主任，由本校教授中聘请兼任，研究员是本校教授、讲师和省内外的外聘研究人员，可见该室聘任术业有专攻的研究人员作为主要研究力量。在培养后学方面，“本室为造就研究西南文化之人才起见，得设研究生，暂由本大学毕业生与在校生中考选之，研究期限定为两年至四年，期满得由校发给研究证书”。该室注重培养后备人才，奠定了人才培养基础和学科人才培养模式。

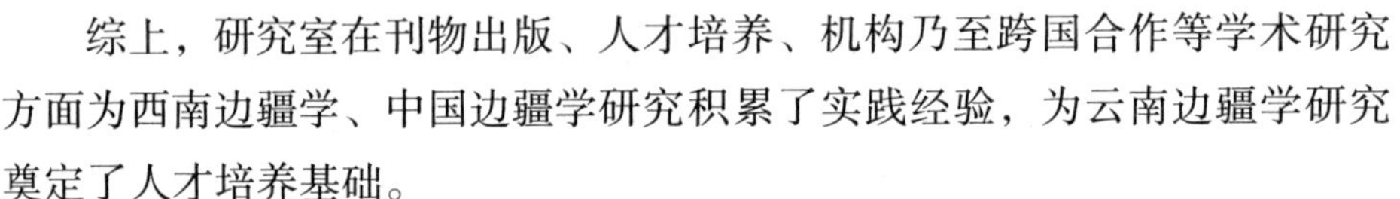

综上，研究室在刊物出版、人才培养、机构乃至跨国合作等学术研究方面为西南边疆学、中国边疆学研究积累了实践经验，为云南边疆学研究奠定了人才培养基础。

云南大学中国边疆学专业的发展，也得到了当下研究者的充分肯定。马大正先生在谈及现代高等教育在实现中国边疆研究的平衡发展中的作用时说：“随着现代高等教育事业在全国各地逐渐普及，中国边疆研究的基本队伍也由北京等少数大城市逐步遍及到各地，这一动向不但成为发展的趋势，而且有着较为稳定的特征，随之而来的则是发展中的现代中国边疆研究新格局……最突出的事例就是随着云南现代高等教育事业的发展（特别是抗日战争时期），以方国瑜为代表的一批学者以云南大学等高校为主要基地，较为稳定地开展了中国边疆研究（主要为西南边疆研究）的教学与科研工作，进而使原本较北部边疆研究明显滞后的西南边疆研究取得了长足的进步，从而有利于中国边疆史地研究的整体布局和进步。”①

同时云南的中国边疆学专业在延续传统、继承已有研究学术的基础上，在新时代迸发出新的活力。2003 年，云南大学获得历史学一级学科博士学位授予权，因此在历史学下自主增设了二级学科边疆学的博士学位授权点。

云南大学的边疆研究与民族研究密不可分。这既是因为云南地理、社会环境的特殊性下，民族众多等实际情况的存在，又是因为学人的研究具有很强烈的现实关怀。

民族史研究的大本营

（一）从民族史的创立说起：方国瑜等人完善学科建设

西南文化研究室虽在 1953 年结束了其历史进程，但学术使命和学术传统却在机构学人的学术坚守下，不断传承和创新，为云南的学科建设贡献了重要力量。

西南文化研究室的研究项目中涉及自古至今的西南地区开发中的政治、军事演进历史、地理沿革、宗教、民族研究。尤其是西南民族研究，离不开对生活在西南地区的大量的少数民族的研究，这是西南文化研究室的主要研究内容。研究室在具体研究中，也切实做出了成绩，出版了方国瑜在滇西少数民族地区实际调查写就的《滇西边区考察记》，徐嘉瑞写就的以白族为主要聚居区的大理地区的文化著作《大理古代文化史》（但不局限于大理一带，在文化溯源和影响上，研究范围扩大至西藏、甘肃等文化互相联系的区域），李拂一的记载傣族地区文化的《泐史》和《车里宣慰世系考订》。

其中李拂一对傣族地区的研究，是基于其在车里一带待了三十年，通过实地调查搜集资料、书籍整理而成的，真是“三十年如一日”。方国瑜

① 马大正：《二十世纪的中国边疆史地研究》，《历史研究》1996 年第 3 期，第 141 页。

评价其“于车里史地之学，造诣最深”。其中《泐史》的上卷是勐艮民间藏本，中卷和下卷是勐海土司司署藏本，首次将不同的藏本整理出版。正如研究《泐史》的朱德普先生所评价，《泐史》的出版“是学界的一件大事”，同时其认为《泐史》和《车里宣慰世系考订》：

> 这不仅是对研究西双版纳傣族历史，而且对研究与之相邻地区的傣（佬、泰）族历史，以及周边民族关系史，都具有十分重大的意义。因为，这之前将傣文史籍译为汉文付梓，在我国从没有过，加之还有傣泐文对照汉文的译本同时问世，可谓开创先河之举。何况《泐史》之开篇就是今西双版纳的勐泐古国建立，其时于 12 世纪之末，处于历史上宋朝淳熙至绍熙年间（公元 1174—1194 年），即云南后理国时期。而有宋一代不善远略云南，不用说勐泐，就是云南大理（后理）国的情况，见于宋史者也极少，勐泐的叭真立国更是全然不存。无疑，《泐史》中的很多记载可补汉文史籍之阙。[①]

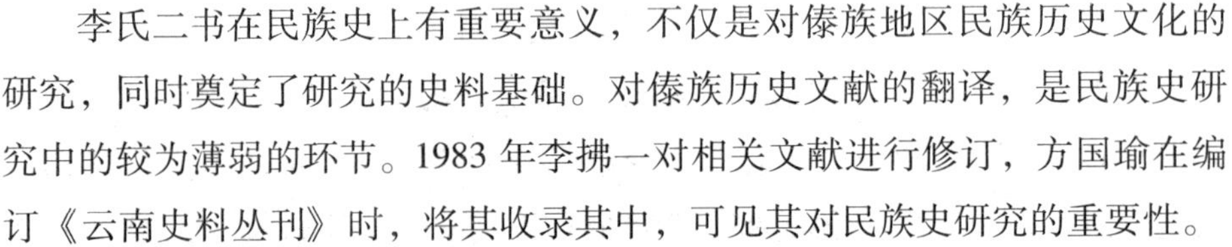

李氏二书在民族史上有重要意义，不仅是对傣族地区民族历史文化的研究，同时奠定了研究的史料基础。对傣族历史文献的翻译，是民族史研究中的较为薄弱的环节。1983 年李拂一对相关文献进行修订，方国瑜在编订《云南史料丛刊》时，将其收录其中，可见其对民族史研究的重要性。

基于上述诸书，我们可以分析文化研究室的民族史研究，在空间上，研究范围聚焦于云南的滇西、滇南等沿边少数民族地区，旁及周边省份和越南、缅甸等周边国家。

在西南文化研究室完成其使命之后，方国瑜、江应樑等学人延续了学术传统，从民族识别工作、学科创建、教材编写、人才培养方面的多管齐下，建立并逐渐发展了云南大学历史系民族史专业。

1953 年 9 月 22 日云南省人民政府民族事务委员会函请云南大学同意

① 朱德普于 1989 年在广西南宁召开的“全国少数民族语研究会”上的发言：《我国傣族研究的起步》。

该会委托方国瑜、杨堃、江应樑研究民族问题。23 日云南大学回复予以同意。

杨堃（1910—1998），河北大名人。1920 年考入保定直隶农业专门学校留法预备班；翌年报送法国里昂中法大学，最终获理科硕士学位；1930 年获里昂大学文科博士学位。回国先后在中法大学孔德学院社会科学系、燕京大学社会学系任教，1948 年至 1978 年在云南大学社会学系、历史系任教。

我的民族学研究
七十年，今后仍为建
设新中国学派的马
克思主义民族学而努
力奋斗！
杨堃
1995.11.7
（十月社会主义革命
纪念日）
时年95岁。

杨堃与夫人张若名的结婚照（1930 年 5 月 31 日摄于法国里昂中法大学礼堂），晚年的杨堃及其题词

为了进行云南省少数民族的族系分类调查研究工作，云南省人民政府民族事务委员会曾与方国瑜、杨堃、江应樑联系，请三人鼎力相助该会的研究工作，其一是定期（一旬或半月一次）参加民委会民族研究座谈会，交换调研意见（座谈时间大概定在星期四午后二时半至六时）；其二是委托研究：不定期请三教授提出有关民族研究专题论文或材料，供参考；其三是交换并提供有关云南少数民族的文献参考资料。

1953 年国家开展民族识别工作时，方国瑜任云南民族识别研究组副组长，进行民族识别工作。

1955 年 4 月 10 日周恩来总理视察云大时作了“根据云南的实际，把云南大学办成一所能体现伟大社会主义祖国边疆文化的大学，加强民族问

题的研究”的批示；同年，历史系创设了“中国民族史专门组”，方国瑜开设“云南民族史学”课程；而1948年入职云南大学在社会学系任教，在1953年转任历史系教授的江应樑，也开设了“傣族史”的课程；在1948年入职云南大学历史系的杨堃，此时开设名为“民族调查方法”的课程。9月的《人民日报》上刊载云南大学增设少数民族专门课程的报道，报道了方国瑜、杨堃、江应樑三人“分别编写了傣族史、白族史、马克思列宁主义关于民族问题理论及中国民族政策等讲义”①。此次周总理的指示中，方国瑜还记得总理说过的话：“云南历史系教学、科研应重视地方特点，出人才，出成果。”在1954年到1955年间，他身体力行，编写、油印成册课程讲义《云南民族史讲义》，并自谦说道：“此书虽然学术水平甚低，然为由无到有之创举。”后辈学者评价此书是云南民族史研究的奠基之作。

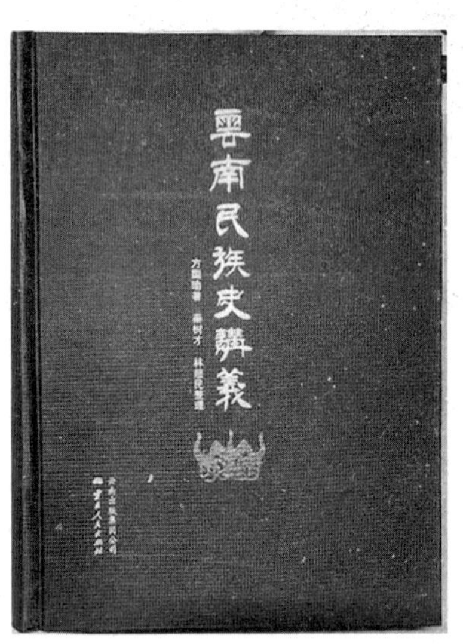

《云南民族史讲义》，方国瑜著，秦树才、林超民整理

根据1956年《历史研究》载云大历史系科研简报：“民族史教研组的教师们，围绕着民族史专门化课程的设置正推行一系列的科学研究。”罗

① 《培养少数民族历史科学研究人才——云南大学增设少数民族专门课程》，《人民日报》1956年9月14日，第七版。

列了民族史研究取得的进展，方国瑜正在编写《云南书目提要》，杨堃完成《试论人类的起源和形成问题》《试论原始社会史分期问题》《试论民族集团及其发展规律》《什么是马克思列宁主义的民族学》《试论马克思列宁主义民族学的对象与任务》初稿。江应樑已完成《明代云南境内设置土官土司及其所在地从考》初稿，以及《傣族史》初稿的前两章。[①]

方国瑜所著《彝族史稿》

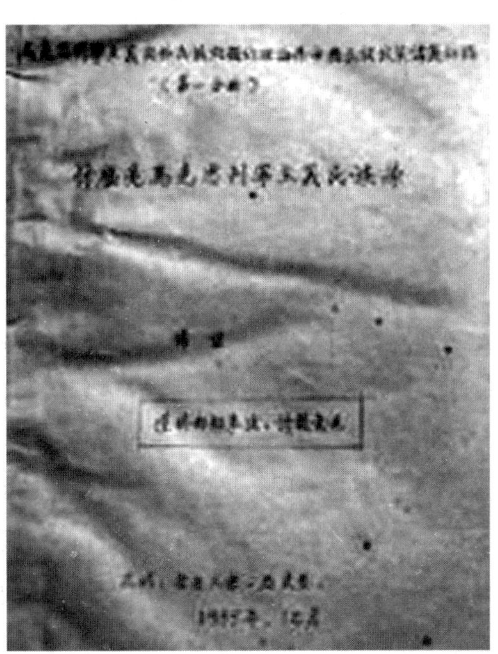

云南大学历史系杨堃编的内部讲义

1956 年，全国人民代表大会民族委员会云南民族研究组成立，方国瑜参与并领导工作，调查凉山、哀牢山一带彝族，编写出一部约 50 万字的《彝族史长篇》初稿。在史料工作方面，1957 年方国瑜开设“云南民族史史料学”课程，写成《民族史料目录解题》，作为教材。又根据教学进展，开设“彝族史”“白族史”等课程。在人才培养方面，1957 年，方国瑜被评为中国民族史专业副博士研究生导师，云南大学历史系建立了中国第一

① 方德昭：《云南大学历史系科学研究工作简报》，《历史研究》1956 年第 8 期，第 22 页。

个中国民族史专业的副博士研究生（相当于现代学制中的硕士研究生，仿照苏联模式的四年制）培养点。从 1957 年到 1965 年，方国瑜培养了木芹、刀永明、王树五、周裕栋、何耀华、马晋强、肖佑奎 7 位副博士研究生。这一系列的课程设置、教材编写从无到有的创举，建构了民族史的学科体系，为云南民族史的教学与研究奠定了基础，同时也开拓了道路。

学校 1959 年筹划、论证民族史本科专业的设置问题，1960 年正式建立历史系并创办了中国少数民族史专业，方国瑜与江应樑、尤中合作编写了《中国少数民族史讲义》，分为上中下三册，共 80 余万字。1961 年设立中国少数民族史专业并招生。1963 年创办云南民族史研究室，在 1979 年发展为西南边疆民族研究所。

在学科专业点建设上，1964 年中国民族史专业开始招收培养研究生，当时的导师就是方国瑜。从 1978 年起，方国瑜主编了约 800 余万字的《云南史料丛刊》，1983 年，该项编纂工作还被列入国务院古籍整理规划小组的重点项目，逐渐整理出版的这套书，已成了研究西南历史的重要文献。

1981 年 5 月，全国唯一的民族史博士学位授权点设立于云南大学，方国瑜是唯一的经国务院学术委员会批准的博士研究生导师，翌年 9 月招收了第一名博士研究生林超民，同时云南大学也获得民族史硕士学位授权点。中国民族史专业在国家第一批学位点审批中成为拥有博士和硕士学位双授权的学位授权点的专业。在人才方面，“第一”意味着方国瑜在学术研究和人才培养方面的开创之举，也是奠基之举。

学科建设、人才培养和学科研究同时进行。1982 年，方国瑜出版了研究论文集《滇史论丛》第一辑。1983 年 10 月，云南大学重新组建团队，“中国民族史”被列为云南省社科重点科研项目。1984 年，方国瑜写成《彝族史》，1985 年，出版了他所主编的《云南地方史讲义》上中下三册。1986 年，云南大学的中国民族史被列为云南省首批省级重点学科。1990 年，江应樑主编的《中国民族史》三卷本由民族出版社出版。2000 年，以中国民族史为重要支撑的云南大学西南边疆少数民族研究中心被教育部批准为全国普通高校人文社会科学重点研究基地。

云南大学历史学系尤其是民族史的发展得益于方国瑜的学术成果，方国瑜的学术涉及西南研究的多个领域，被学界誉为“滇史巨擘”；个人的

学术成长离不开环境，方国瑜的学术成果也得益于西南文化研究室的工作和研究经历。

（二）理论的探索：方国瑜的“中国历史发展的整体性”理论及其完善

方国瑜在多年的教学工作和研究中，逐步思考和提出自己关于民族史研究的理论思考。

1963 年 3 月，云南大学 40 周年校庆之际，方国瑜作了以“论中国历史发展的整体性”为题的学术报告①，首次提出研究的理论思考。其基本内容是：

关于“中国历史的范围”：

> 中国历史是有其整体性的，在整体之内，不管出现几个政权，不管政治如何不统一，并没有破裂了整体，应当以中国整体为历史的范围，不能以历代王朝疆域为历史的范围。
>
> 王朝的疆域，不等于中国的疆域；王朝的兴亡，并不等于中国的兴亡。

关于“中国历史的整体性与统一性”：

> 统一的概念，主要就政权而言，即由一个政权统治时期谓之统一，由几个政权统治时期谓之不统一。不论是统一政权与不统一政权的建立，都是在中国整体之内，都为中国的历史。政权的统一与不统一，只能是整体之内的问题，而不是整体割裂的问题。
>
> 政权的统一，是在整体的基础上建立起来的。而由于历史的具体条件，有时只有一个政权，有时有几个政权存在，但没有改

① 方国瑜：《论中国历史发展的整体性》，载云南大学《校庆学术论文集》（1963年），发表于《学术研究》（云南）1963 年第 9 期。后收入方国瑜《滇史论丛》第 1 辑，上海人民出版社 1982 年版；林超民《方国瑜文集》第 1 辑，云南教育出版社 2001 年版。

变了整体。所以“合久必分，分久必合”，只是一个整体之内的政权分合，并不是整体的破裂与复原。中国历史发展，有整体的社会结构，虽然有几个政权同时存在，并没有破裂了整体的社会结构，这是中国历史发展的特点。

关于“中国历史的整体性与不平衡性”：

在中国整体之内，历史发展过程存在着不平衡的情况，这种情况，以族别之间为最显著。由于各民族的民族特点和具体条件，长期以来全国各民族社会发展是不平衡的。但是各族之间虽有差别性，也有一致性，在历史发展过程中，并不以差别性而分离，乃以一致性的共同要求而结合成为一个整体。整体之内，不排除不同情况的存在，并且以不同情况而互相依赖，得到共同利益，发展了整体的历史。在中国历史整体之内，共同利益的要求是根本的，起着决定作用的。①

方国瑜在提出理论后也在研究中不断进行论证。方国瑜的弟子及后学，不断对其理论进行完善，并用其理论指导学术研究和人才培养。1980年林超民著文《从云南与祖国的历史联系看中国历史发展的整体性》，认为“西南各民族的历史与整个中华民族的历史是紧密联系并结为一体的”，将方国瑜的理论用于实际研究之中。1990年江应樑在主编《中国民族史》时，在“绪论”中，强调了整体与统一的关系：“统一的概念主要指政权而言；整体的概念是指各民族之间政治、经济、文化诸方面的内在联系与凝聚。”林超民作为该书的副主编也强调该理论的指导作用：“我们编写的《中国民族史》，就是以方国瑜先生‘中国历史发展整体性’的理论为指导。”而方国瑜的学生木芹，1995年在其《中华民族历史整体发展论》一书中将方国瑜“中国历史发展的整体性”理论推进到中华民族史研究。

① 参见方国瑜《论中国历史发展的整体性》，载林超民《方国瑜文集》第1辑，云南教育出版社2001年版。

2011 年潘先林、张黎波在《西南边疆早期现代化的主要现象及其与国家安全之关系》中论述中国历史发展的整体性表现为："中国历史发展的整体性表现为边疆与内地是一个整体，少数民族与汉族是一个整体，中国古代史与中国近代史是一个整体，必须以整体史观为指导研究中国的边疆史地。"2013 年林超民再次著文《整体性：方国瑜的理论贡献》讨论方国瑜的理论贡献。2019 年潘先林等著文《中国历史发展的整体性是现代中华民族建设与认同的基石——方国瑜〈论中国历史发展的整体性〉研究之一》讨论"中国历史发展的整体性"理论在现代中华民族建设与认同中的基石作用。

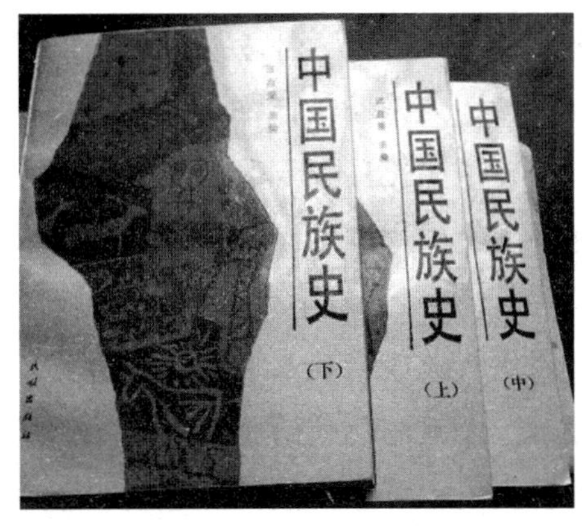

江应樑主编的《中国民族史》（上中下三册），民族出版社出版

方国瑜多年学术研究和积累的基础上提出的"中国历史发展的整体性"理论，在其弟子及再传弟子等后辈学者的不断丰富和完善中，为云南大学历史系民族史研究、中国边疆学研究奠定了理论基础。

影响：民族学、人类学研究的理论及实践

西南文化研究室成立之初，主要分为两个组着手进行工作，其一是研究西南文化发展及其相关问题的历史组；其二是研究西南民族生活及其相关问题的民族组，都制订了展开实地调查的工作计划。

在当时，民族史、人类学、民族学之间并不是学科分野明显的不同学

科，时人的研究涵盖以上诸方面。

张印堂和方国瑜早于文化研究室成立之前就进行实地调查，并就调查所得写就书籍，在此时有机会得以出版。1939 年张印堂在国立清华大学赞助和经济部部长介绍之下，与资源委员会合作调查滇缅铁路沿线经济地理。沿着铁路向西出发“逐站调查，随地勘测”，又“出滚弄渡而达缅甸之腊戍”，并在返回昆明的途中调查沿线的贸易现状。

方国瑜对班洪、炉房银厂、卡瓦山、滇南南段未定界、裸黑山、摆夷地区进行实地走访和调查，编写《滇西边区考察记》记载所见所闻，自然、社会人文环境和在滇缅界务谈判问题中的历史依据，是 20 世纪 40 年代战时人类学研究的不可多得的人类学专书之一。在人类学民族学研究日渐深入的现当代，多数学者均予以其肯定的评价。王敬骝、肖玉芬认为，从民族学研究的角度来看，方国瑜是详细介绍我国佤族和阿佤山及其周围地区情况的第一人，不但详细记述了其在阿佤山区的亲身经历和所见所闻，而且还详细记述了阿佤山周围地区的山川人物以及历史情况。杨文辉认为，方国瑜依据其亲身经历记载下来的当时佤族地区的社会状况、物产、地理、佤族民俗文化、佤族精英的形象、在界务纠纷中佤族的立场及其反映的民族意识等对于今天的佤族研究都有着难以替代的参考价值和借鉴意义，该书为今天提供了不可多得的民族志材料，对我们了解当时佤族社会的面貌、民俗风情有着重要的参考价值，也为我们提供了一份不可多得的佤族地区社会变迁的历史资料。[①] 2009 年《滇西边区考察记》被收入“当代中国人类学民族学文库”，由云南人民出版社重新出版，证明了该书在人类学民族学方面的学术生命力。

总的来说，二人采用史地调查，深入边境地区，尤其是方国瑜深入少数民族地区，并以考察民族社会问题为中心，是人类学、民族学史地调查的研究方法的具体实践，奠定了民族学、人类学的史料和理论基础。

---

① 王敬骝、肖玉芬：《方国瑜对阿佤山抗英的历史贡献》，载肖学仁主编：《论班洪抗英的历史意义及当代价值》，云南民族出版社 2007 年版，第 72－74 页。杨文辉：《一部不应被忽略的佤族研究著作——读〈滇西边区考察记〉》，载那金华主编：《中国佤族“司岗里”与传统文化学术研讨会论文集》，云南人民出版社 2009 年版，第 32 页。

徐嘉瑞对云南文化的研究，其一是《云南农村戏曲史》，对昆明地区的戏曲进行调查、搜集、整理而成。在戏曲的搜集中采用“口述史”的方法，其好友游国恩在序中写道：“余亲见其于乱鸦斜日中，谐其夫人携一壶茶，一张几，访所谓段老爹者。听其抚节安歌，梦麟则随手记录，增补其阙遗，审正其讹误。”将史料研究和实地口述调查方法相结合，这实为现代民族学、人类学一直倡导的田野与文献相结合的研究方法。

滇缅路上用人力来搬运的脚夫

中缅边界之庙寺为划分边界之处

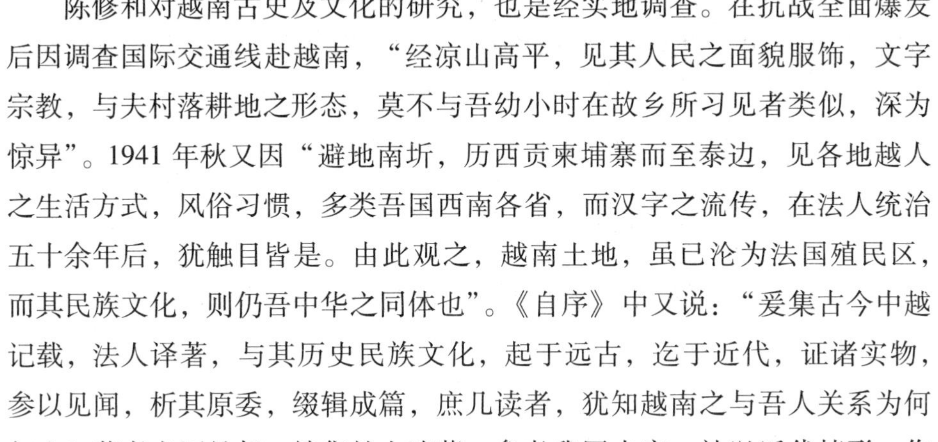

陈修和对越南古史及文化的研究，也是经实地调查。在抗战全面爆发后因调查国际交通线赴越南，“经凉山高平，见其人民之面貌服饰，文字宗教，与夫村落耕地之形态，莫不与吾幼小时在故乡所习见者类似，深为惊异”。1941 年秋又因“避地南圻，历西贡柬埔寨而至泰边，见各地越人之生活方式，风俗习惯，多类吾国西南各省，而汉字之流传，在法人统治五十余年后，犹触目皆是。由此观之，越南土地，虽已沦为法国殖民区，而其民族文化，则仍吾中华之同体也”。《自序》中又说：“爰集古今中越记载，法人译著，与其历史民族文化，起于远古，迄于近代，证诸实物，参以见闻，析其原委，缀辑成篇，庶几读者，犹知越南之与吾人关系为何如也！著者亲历是邦，搜集越人遗著，参考我国史实，补以近代情形，作一概括之叙述，俾研究越南及吾国西南民族史者，有所参考。”其实地调查和文献史料相结合的研究，是民族学人类学研究与历史学研究相结合的体现。

张镜秋在佛海寓居四年，“学习僰文，足□荒山采访民间歌谣”，写成《僰民唱词集》，他自己回忆道：“此行四年，所得者，［僰］族歌谣，及佛海车里之民族调查数种而已。”张镜秋也是通过实地走访调查搜集民族歌谣，与文化研究室的学术风格一致，同时对民族地区展开文化调查工作，奠定民族学、人类学的研究基础，同时也为民族史研究奠定史料基础。

李拂一对西双版纳地区的研究，是在其亲历其地，收集民族文献的基础上展开的。1923 年冬天，李拂一旅行至十二版纳时，听闻“‘泐史’之名，土人尊为国史者。闻宣慰使司藏有一善本，此外各勐土舍及重要人物家，亦间有收藏者，第皆秘不肯示吾人。久之方于勐海土把总刀宗汉君处获阅中下两卷，据告即钞自宣慰使司藏本者，因录存副本”。这是他第一次收集到有关《泐史》的民族志文献。1940 年夏天，李拂一从印度回云南，“道经孟艮，主于一孟艮摆夷家。一日偶翻起所藏故事歌曲等书，则多年来访求不获之《泐史》上卷，居然在目。当尚请借录，主人自言，对史地不感兴趣，此亦得自十二版纳来人者，慨允割爱”。如此，李拂一获得完整《泐史》并进行翻译。

总之，西南文化研究室所出版的书籍，大多数都是学人走出书斋亲历调查所得。这不仅符合当时研究室的研究旨趣，更多是当时西南边疆研究热潮下，学人开始自发地对云南边地进行关注和研究。而云南作为少数民族地区，在抗战背景之下亟待对边区民众有所关注和了解，动员全民参与到抗战中来。实地调查的现实需要和学术作用的融合发展，奠定了民族学、人类学研究的学术基础。

地缘与学术：跨区域研究与世界史学科的特色

云南省的地理位置，在不同时代，一直都是一个人们津津乐道的话题。民国时期，在关注边疆问题的华企云看来，云南“形势之重要，则要为任何各省所不及……”，但云南形势“全恃缅、越以为蔽”，所以著书《云南问题》呼吁关注云南的边界问题。詹念祖在《云南省一瞥》中，关注到云南“在我国的西南边隅，它的西面和西南面，与英属缅甸接壤；南

面和法领安南毗连”。1935 年，介绍云南旅游的书籍《滇游指南》写道：“吾滇虽偏处西南，而山川钟毓。”云南的自然地理位置，成为社会发展必须考虑的重要因素。

私立东陆大学成立之初，校章第一条就有着“发扬东亚文化，研究西欧学术”的国际视野，主持创办者唐继尧也明确该校文化使命：“东陆大学之成立其所负文化上之使命，不限于云南一省，将进而谋西南诸省文化上之均衡与向上，以与中原齐驱，而同欧美抗衡。”西南文化研究室的学术关怀与学校办学宗旨一脉相承，其学术视角和关注点不局限在云南一省，而是立足云南，联动周围省份，放眼世界。

从前面所述我们已经知道，西南文化研究室的研究旨趣，在空间上除了中国的西南地区和部分沿海区外，还涉及邻国越南、缅甸，以及南亚的印度和东南亚的马来半岛地区。云南因地处西南的地理位置使得其在中南半岛诸国的研究方面具有优越性。西南文化研究室的研究内容之七“西南边裔之研究”（1944 年版），具体内容包括“历代经略藩属之史绩与诸境之现状，并与本国有关之政治、经济、文化诸问题”。在 1942 年的年度计划中，将“翻译《缅甸史》一种，并在本年度完成”列入。西南文化研究室的研究项目，地域空间上以云南、西康、贵州为主，次及西藏、四川、湖南、两广，同时研究范围扩大到越南、缅甸、印度、马来半岛诸境。

这样的研究目标，最终在“西南研究丛书”中付诸实践。李田意、叶桎、曹鸿昭三人共同翻译的《缅甸史纲》，作为“西南研究丛书”的第五种出版。陈修和研究越南，出版《越南古史及其民族文化之研究》，作为“西南研究丛书”第六种。两书是对邻近国家历史的研究和关注，具有基于地缘优势的学术研究特色，这一点对于云南世界史专业学科特色的形成有重要作用。

张印堂在调查滇缅铁路和滇西地区社会状况问题时，还调查腾八（八莫）、腾密（密支那）间的贸易状况。分析滇西的地理位置“为西南锁钥，边陲咽喉，南出仰光，以通海外，北接金江，以达内地；异日铁路修通，西南边防，赖以巩固；内地富源，藉资开发；战时固为国际交通之命脉，战后亦为对外贸易之枢纽”，并讨论和研究铁路沿线县份和沿边民族地区与缅甸之间的问题，包括外来人员就业、边地居民动徙、未定界的政治、国际政治、走私等问题。

对于张镜秋在收集佛海地区傣族民歌编写成的《僰民唱词集》，徐嘉瑞基于云南的地理位置加以评价：“至于西南，则以印度缅甸暹罗相通。此一区域，实为印度文化影响最大之区域，故流行与车里、佛海之民间唱曲，体制宏大，结构严谨。”从唱词文化中研究不同文化之间的交流，是文化的跨区域研究的体现。

以上是“西南研究丛书”中跨区域研究的思路和成果。研究室同人和学校层面也在不断更新思路和加强国家间交流与合作。

滇越交界南溪铁桥

1943 年 5 月方国瑜在申请休假进修进行学术写作和研究时谈及，计划在这一年中先写成《缅甸史》《暹罗史》两种，因为当时的局势，“国人应多明了中南半岛与我国之关系”，但是当时“坊间已有此类书籍出版，而肤浅、讹谬不堪读也”。他最终于 1944 年写成《中国纪录缅甸史》，可见西南文化研究室同人具有很强的现实关怀和研究事业上的大的历史观。

在学校层面拟与缅甸、暹罗、越南等国在学术机构上进行密切的合作，实现共同的发展，这一重要的任务最终由西南文化研究室承担。1948

年方国瑜致函仰光大学校长，借派该室的名誉编辑员李拂一赴缅之便，商讨中缅文化合作计划，获得仰光大学和政府的支持和肯定。缅甸国务总理达钦汝出席，各行政首长和大学校长列席接待会，共同商讨合作事宜，即教授人员的交换和共同研究中缅问题的合作关系；同时方国瑜通过旅居暹罗的《中暹学报》编辑许雨山代为转函暹罗曼谷朱拉銮干大学校长，商讨中暹文化合作事宜。此外，在 1948 年之前该室同人就曾与越南的东方博古学院院长谢代斯及研究员泰安联络，拟于越南局势稳定之后，正式函商中越文化合作事宜。

方国瑜所著《中国西南历史地理考释》

西南文化研究室同人认为，云南与缅甸、越南等中南半岛诸国境域相接，经济、政治、文化、军事莫不密切相关，文化学术合作对于以上诸方面关系重大。时学人的研究之间并不是泾渭分明的。以方国瑜为例，基于文化研究室对南亚东南亚的研究基础，20 世纪 50 年代其在云南大学率先开设了东南亚诸国史的课程，同时编纂汉文文献中关于东南亚诸国的历史资料，并编写了相关讲义。同时在云南地方史研究中，对《马可波罗行纪》的研究和云南对外交通的研究，都涉及南亚与东南亚诸国的历史、交通、云南对外交流等方面，在他的《中国西南历史地理考释》《滇史论丛》《方国瑜文集》等书中都有相关研究。这些研究都奠定了云南历史研究中世界史的研究基础。

因滇西地区与越南、缅甸、泰国邻近的关系，研究室同人的研究中也多有国际性视野和关注点，这奠定了云南大学世界史研究的基础，这是云南大学世界史学科的历史基础；彰显了云南大学历史系在中国与南亚东南亚国家关系史等领域的学科优势特色。

因地缘优势地理位置和民国以来的学术传统和基础，1951 年云南大学正式成立历史系，先后设立的历史学、中国民族史、人类学、社会工作、世界史等专业，都受到方国瑜等著名历史学家的影响，这使得现在云大的历史学研究，先后形成了具有学科特色的西南文化史、中国民族史、云南地方史、西南边疆史、南亚东南亚史、西南古籍研究等科研教学机构。

总的说来，现在的云南大学历史学专业点建设，在中国民族史、中国经济史、中国边疆学及西南边疆史、历史地理学、中国与南亚东南亚国家关系史等领域都形成了学科优势特色。这与云南的地缘优势、民国以来奠定的学科优势有关系，同时也与学人的学术成就密切相关。

在西南文化研究室中同人的学术研究成果中，方国瑜先生的研究具有代表性。其学术著作、理论逐渐为云大历史系奠定了学科基础，并促进了云南金石学、云南历史文献学、云南历史地理学等专业的形成。

学术与做人：学术精神的传承

关于学术与做人方面，方国瑜在北平读书期间，深受陈垣先生言传身教的影响。陈先生言及："如果所研究的问题，前人已讲过，要提出前人的成绩；不然，读者的批评不是说'鄙'，就是说'陋'。即剽窃前人成就之'鄙'，或不知前任已作之'陋'，二者必居其一。""前人已研究过的问题，如果自己没有独出心裁的见解，就不要写文章。"① 多年以后方国瑜回忆时，还记得陈垣先生所说的："你做一篇文章时，不要老想拿给外行的人看，应该想着拿给最内行的人看。"② 这是陈垣先生对方国瑜的学术品

① 方福祺：《方国瑜传》，云南大学出版社 2001 年版。

② 汪高鑫主编：《史学史研究·文选·人物志》上册，华夏出版社 2017 年版，第 7 页。

德的养成的期望。

方国瑜在陈垣先生一席话的影响下，以及在长期的学术研究、人才培养所积累的基础上，将治学精神、学术品德上提炼为一句“不湮没前人，要胜过前人”的格言。

方国瑜：不湮没前人，要胜过前人

方国瑜在《云南民族史讲义》中说道：“我们在研究云南地方史方面，做了不少工作，取得一定成绩，然而水平还很低，远远不能满足时代的需要，这就要我们加倍努力，以开创新局面。”我们要有学术创新精神，取得新的学术增长点，同时“在研究中，我们一方面不湮没前人，另一方面又要胜过前人。只有不湮没前人，才能胜过前人。站在巨人的肩上，才能比巨人看得更远”。这是一个辩证的说法，我们基于前人奠定的学术基础不断进步，站在巨人的肩膀上，正因为我们不让前人的成果被掩盖，我们

才有立足和向上的基石。方国瑜还告诫我们后学："要胜过前人，须注意三'不'，即前人不对的，你改过来；前人不够的，你作补充；前人不曾说到的，你提出来，使之更上一层楼。"①

1982年12月北京第五届全国人民代表大会期间，丹仲其采访了方国瑜。方国瑜在谈及治学经验和对中青年史学者的希望时，除了上述关于"不湮没前人，要胜过前人"的总结之外，还强调："一个人道德品质不好，学术上也不可能有高深的成就。"这是方国瑜对学者的深深期望。

这句"不湮没前人，要胜过前人"学术格言，方国瑜将其付诸实践。在学术研究上，汲取前人研究成果、方法、理论，在研究领域进行创新，编辑《云南史料丛刊》，著《中国西南历史地理考释》等皇皇巨著：在以往学术机构、学科建设的基础上，创建符合云南大学特色的研究机构。

在方国瑜的弟子木芹的再传弟子黄纯艳任云南大学历史与档案学院院长期间，对这一学术精神和传统进行了继承和创新，进行了新的诠释：学术研究，我们要论从史出，要敬畏学术，在此基础上不断获得新知，获得可信的学术成果。这成了现在云南大学历史与档案学院的学术修养、学术追求和学术精神：敬畏学术，追求卓越。

云南大学历史与档院学院院训

总的来看，西南文化研究室的学术成果和学人的学术关怀和研究路径是相同的，研究室同人关注时下的中国社会、西南边疆以及云南自身的历

① 方国瑜：《云南民族史讲义》，云南人民出版社2013年版，第764页。

史、文化，正是学人之间研究的相通、融合，聚焦西南边疆、云南史地、南亚东南亚历史研究，奠定了云南大学历史学各研究机构，专业的学科基础，并形成云南大学历史系独有的研究特色。

从《滇西经济地理》《滇西边区考察记》等方国瑜研究西南历史地理的集成之作到《中国西南历史地理考释》，从方国瑜、姜亮夫等人的音韵学、敦煌古文字、目录学研究，到费孝通、江应樑、杨堃等人的调查、学科设置、人才培养、教材编写，从《缅甸史纲》《越南古史及其民族文化之研究》到跨越西南边疆的研究，从学人的研究方向到云大历史系的逐渐成长，这百年的发展历程，奠定了现在云南大学历史系的历史地理学、历史文献学、中国民族史、世界史、中国边疆学等专业的学科基础，以及各专业之间相互借鉴、融合，求同存异，各有发展的特色；奠定了世界史、中国古代史、中国近现代史、中国民族史、中国经济史、历史地理学各教研室的基础；形成了在中国经济史、中国民族史、中国边疆学及西南边疆史研究、历史地理学、中国与南亚东南亚国家关系史等领域的学科优势特色。

云南大学从“私立东陆大学”到“省立云南大学”再到“国立云南大学”，最后定为“云南大学”，经历了由地方政府自主创办，到直接隶属于教育部的发展历程，这百年的发展历程，记录着老一辈的辛勤耕耘，镌刻着云南文化教育的历史。西南文化研究室隶属于云南大学，它是云南大学百年历程中的一段，奠定了云南大学历史研究、人类学、民族学研究的基础。

纵观西南文化研究室从 1942 年 7 月设立到 1953 年 9 月的 11 年间，在该室同人的努力下，研究室实现了从研究旨趣、目标、计划的设定到成果面世的历程。在这个学术机构中，学人从沿袭学术传统，到转变学术研究点，到形成学术理论，最终形成了该室新的学术传统，从史料、研究方法到理论，从机构、人才到学术传承，从研究对象的扩展到形成专门的专业，到最终云南历史学学科的丰富和发展，都是一代代人在前人基础上的创新，实践了该室主任方国瑜所言：“不湮没前人，要胜过前人。”云南大学历史学学科正是在汲取前人成果的基础上不断成长，不断“敬畏学术，追求卓越”，不断“努力求新”“努力求真”。

后　记

2023 年是云南大学的百年诞辰。为献礼云大百年华诞，同时立足于学科建设和人才培养，结合“百年云大，百年史学”的校庆准备工作，2022 年云南大学历史与档案学院党委进行了“云大史学百年丛书”的编纂、出版工作，回顾云南大学走过的百年历程中历史学的发展，《国立云南大学西南文化研究室与云大史学》便是其中的成果。

本书得以由想法变为实践，是罗群院长、赵小平书记、范俊副院长等领导为我们这群后辈学子提供的研究和学习机会。在本书的撰写过程中，导师潘先林教授对写作思路和风格进行悉心指导；娄贵品副教授不仅分享其在《方国瑜与中国西南边疆研究》中的研究思路，还提出大量修改意见。在此一并致谢各位老师的悉心指导和教诲。同时，感谢丛书编委会的张轲风老师、董雁伟老师、黄体杨老师、刘灵坪老师、侯明昌老师、王春桥老师、胡鹏飞老师的辛苦筹划和悉心安排。另外，本书的资料主要来自云南省档案馆馆藏档案和已有的关于云南大学的相关著述，书中的图片来自民国期刊、《世纪学人　百年影像》等书，在此表示感谢！最终此书的付梓，还要感谢云南大学出版社这一出版平台，感谢策划编辑张丽华、责任编辑孙小林等老师的辛苦付出，各位老师在书稿编校过程中认真、严谨的修改，使我获益良多。

在云大百年校庆之际，此书即将出版之时，祝福母校越来越好，继创辉煌！我也将不断秉持“自尊、致知、正义、力行”的校训努力求真、求新，继承历史学研究传统，不断前进。

由于我学识有限，本书还存在诸多不足之处，如有些档案资料字迹模糊，无从辨认，难免存在错漏，敬请读者见谅。

谢太芳

2023 年 3 月

参考书目

[1]《云南省立东陆大学校刊　第六届毕业纪念号》，1934 年。

[2] 云南大学编辑委员会编：《云大特刊》，1937 年。

[3]《云南省立云南大学便览》，1936 年。

[4] 云南大学编辑委员会：《云南大学一览（民国二十五年份）》，1937 年。

[5] 张印堂：《滇西经济地理》，国立云南大学西南文化研究室，1943 年 7 月。

[6] 方国瑜：《滇西边区考察记》，国立云南大学西南文化研究室，1943 年 7 月。

[7] 徐嘉瑞：《云南农村戏曲史》，国立云南大学西南文化研究室 1943 年 7 月。

[8] 陈修和：《越南古史及其民族文化之研究》，国立云南大学西南文化研究室，1943 年 12 月。

[9] 方树梅：《明清滇人著述书目》，国立云南大学西南文化研究室，1944 年 12 月。

[10]（英）G. E. Harvey 著，李田意等译：《缅甸史纲》，国立云南大学西南文化研究室，1944 年 12 月。

[11] 李拂一译：《泐史》，国立云南大学西南文化研究室，1947 年 2 月。

[12] 李拂一：《车里宣慰世系考订》，国立云南大学西南文化研究室，1947 年 2 月。

[13]《云南大学一览》编辑委员会：《国立云南大学一览》，1947 年。

[14] 徐嘉瑞：《大理古代文化史》，国立云南大学西南文化研究室，1949 年 7 月。

[15] 方国瑜：《中国西南历史地理考释》（全二册），中华书局 1987

年版。

［16］方福祺：《方国瑜传》，云南大学出版社 2001 年版。

［17］侯艺兵：《世纪学人　百年影像》，山东画报出版社 2001 年版。

［18］李作新主编，王晓珠、刘兴育副主编：《熊庆来与云南大学》，云南大学出版社 2011 年版。

［19］刘兴育：《云南第一学府：从东陆大学到云南大学》，云南教育出版社 2013 年版。

［20］娄贵品：《方国瑜与中国西南边疆研究》，人民出版社 2014 年版。